胡线勤 ◎ 编著

李肇星说
外交与人生

人民日报出版社

图书在版编目（CIP）数据

李肇星说 / 胡线勤编著 . —北京：人民日报出版社，
2015.12
ISBN 978-7-5115-3508-5

Ⅰ . ①李… Ⅱ . ①胡… Ⅲ . ①李肇星—语录
Ⅳ . ① K827=7

中国版本图书馆 CIP 数据核字 (2015) 第 296155 号

书　　　名：	李肇星说
作　　　者：	胡线勤
出 版 人：	董　伟
责任编辑：	周海燕
封面设计：	天之赋设计
出版发行：	人民日报出版社
社　　　址：	北京金台西路 2 号
邮政编码：	100733
发行热线：	（010）65369527　65369846　65369509　65369510
邮购热线：	（010）65369530　65363527
编辑热线：	（010）65369518
网　　　址：	www.peopledailypress.com
经　　　销：	新华书店
印　　　刷：	北京鑫瑞兴印刷有限公司
开　　　本：	710mm×1000mm　1/16
字　　　数：	270 千字
印　　　张：	18
印　　　次：	2016 年 5 月第 2 版　2016 年 5 月第 1 次印刷
书　　　号：	ISBN 978-7-5115-3508-5
定　　　价：	39.80 元

第一章 "民为贵"，实质上民比官大

在我心目中，最重要的礼仪是敬民爱国、谦虚谨慎、言而有信。

在世界面前，我微不足道；和祖国加在一起，赢得了些许骄傲

热爱祖国是第一位的 / 3
要问自己会给祖国带来什么 / 5
本来就是人，为什么还要"平易近人" / 7
敬民爱国，知书达礼 / 9
记者的水平体现在提问的犀利和得体 / 12
"民为贵"，实质上民比官大 / 15
国宴菜单不超过三菜一汤，不上白酒不上烟 / 18
子弟兵的生活水平是不是也应该相应提高 / 20
每一个人都是国家名片 / 22

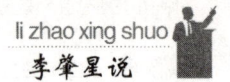

我最珍惜的记忆是到困难国家的访问 / 24
军爱民，本立道生 / 27
帮助别人也是帮助自己 / 29
你是一个中国公民，还有什么比这更光荣的 / 31

第二章 三个"T"问题，没必要杞人忧天

"己所不欲，勿施于人"被誉为处理国家间关系的"黄金法则"，镌刻于联合国总部大厅。具有五千年悠久历史的中华文化是中国外交取之不尽的智慧源泉。

我不是什么"铁嘴钢牙"外交家，如果一个人的牙齿全是金属的，那多难看呀。做好外交官要讲道理，用事实明辨是非，主持公道。

发言人要说自己知道的，可以说和应该说的真话 / 35
历史不应该成为拖后腿的包袱 / 37
凡是没花钱的东西我们都不要 / 39
中国的国旗必须保证在 7 月 1 日零点零分零秒升上去 / 41
把抢来的文物拍卖不算"有道" / 43
三个"T"问题，没必要杞人忧天 / 45
兄弟两人拥抱，有人递匕首 / 48
只有精神变态和扭曲的人才会说这样糟糕的话 / 50
他们失去生命，是为了一项伟大事业 / 53
我们不需要对我们没什么用的武器 / 55
做好外交官要讲道理，用事实说话 / 57
"平等相待"不应该只是一句外交辞令 / 60

千万不要情绪化地看待"强" / 63
困难常常会滋生新的智慧和力量 / 66

第三章 以人为本，外交为民

外交工作就是为中国人民服务，为世界人民服务，使这个世界能够变得更加合理一点，更加民主一点，给老百姓带来的好处更多一点。

要给人民群众做好事、实事，就要靠朋友，我们的领导人在这方面带了好头，在国际上为祖国交了很多朋友。

外交工作没有继承就没有创新 / 71
外交部公众开放日已经开始制度化 / 73
把"以人为本、外交为民"的理念变为领事保护行动 / 75
我们所面临的挑战也越来越多 / 78
"过头话"有形象价值，但负面作用更大 / 80
这种标语以后再也不需要 / 83
人民代表大会没有省长只有代表 / 85
从赏国画看国际形势 / 87
我们在华盛顿有朋友 / 89
通过外交手段给老百姓带来的好处多一点 / 91
人民有足够的智慧和能力解决历史遗留问题 / 94
中国已经有自己成熟的外交政策 / 97

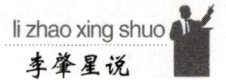

第四章　学生的身份永远不会改变

在祖国面前我是永远长不大的孩子，在知识面前我是永远也学不完的学生。部长身份是暂时的，只有作为学生的身份才是永远不会改变的。

要特别强调创造性的学习、创造性的劳动，因为世界上各国的竞争最主要的就是创新能力的竞争。

小平同志，我的"博导" / 103
我到邯郸，是来"学步" / 108
有时越简单的东西越需要学习 / 110
要有争分夺秒用科学知识武装自己的紧迫感 / 112
在不同的环境向不同的人群学习 / 114
距地面20至200公里区域开发就落在你们学子身上 / 116
学生的身份永远不会改变 / 118
不来川大不知道自己认的字少 / 120
万人上网对话聊天，必有我许多老师 / 122
"欢迎"这个动词不是很"过瘾" / 124
希望自己被"提拔"后能胜任工作 / 126
阅读立体的、活着的书 / 128
我最不担心的就是人才 / 130

第五章　说能打动自己因而可能打动别人的话

幽默的本质是真实和善良，美好交流的本质也是真实善良，它带来的相互理解和友情，自然有利于人和社会的健康发展。

简朴与坦率是一种高格调的美。

在下不为例的前提下 / 135
要客观报道，而不是刻意制造 / 137
从小爱体育，我也是"世界冠军" / 139
说能打动自己因而可能打动别人的话 / 141
现在许多中国人对我不满意 / 143
中国的外交政策就是川大校长的名字 / 145
您能说身体侵略了您的胳膊吗 / 147
哪壶不开提哪壶 / 149
我没这么神，有那么多人帮助我 / 151
陈水扁贪污属内政，不归我管 / 154
我不知道您身体好的时候是否住在医院 / 156
古人也有考虑不周的地方 / 158
可以理解，谁不想提拔自己呢 / 160
说真话的自由空间太大了 / 162

第六章 炎黄的血脉是生命线，祖国的神经是生物钟

诗以抒情，诗以言志。

我从来没有在上班时间、对外活动期间写诗，一年也写不了几首，因为写诗太累。这些业余水平的小诗，则是闲暇时自己与自己的对话，是专业劳动的副产品或"剩余价值"。

一两分钟能看完看懂的 / 167
同一个世界，同一个梦想 / 169
永垂不朽的是理想 / 172
我们虔诚地跪下来，请您检阅儿女的善良坚毅 / 174

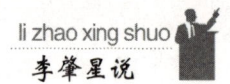

永怀青春中国 / 176

业余小诗是专业劳动的副产品 / 179

读书如读人，读古今，读未来 / 182

我信然，辛劳的幸福 / 186

中国赋予我生命 / 188

难得最是平常心 / 191

炎黄的血脉是生命线　祖国的神经是生物钟 / 194

百姓高贵是历史的正常 / 197

第七章　人活着实际上更像从未名到未名

　　生命难以有客观的序言，回忆录有点像人生的自序，世态炎凉屡屡证明，甚至"盖棺定论"，也常常靠不住。如果要写，也是越晚越好，万一来不及也没办法，好在对己、对人不会有太大损失。

　　为别人和自己的书写序言，倒是一种较为方便有效的学习方式。

再不要报送那些只知其一、不知其二的材料 / 203

情真辙深 / 206

关键是看完热闹后静下心来把自己的事做好 / 208

了解或研究一下政治营销学 / 210

历史积累就是你的机遇、你的大命运 / 212

新闻无国界，但记者有祖国有良知 / 215

人活着实际上更像从未名到未名 / 217

创新是做科学所允许做的事情的自由 / 219

生命难以有客观的序言 / 221

一种"被解惑释疑"的享受 / 223

这是"吴冠李戴" / 226

文化外交是整体外交的重要组成部分 / 229

第八章 我永远忘不了家乡人民

别忘了你是谁,你是朋友的朋友,你是亲人的亲人,你是祖国的儿子,这是一切的根。

为了让儿子记住自己是庄稼人的后代,爱自己的故土,给他取名禾禾。

爷爷是高高的山岗 / 233

开拓一分童心,就拓展一分创造性 / 236

爸是山东半岛胶州湾上的一缕阳光 / 239

我永远忘不了家乡人民 / 242

我母亲为我的长相感到自豪 / 245

最主要的就是创新能力的竞争 / 248

瑞士手表是国产,无自主品牌对我刺激很大 / 251

帮我办个事就接受采访 / 254

娘是伟大祖国最可爱的一部分 / 256

不可低估父母"身教"力量——教育儿子的11堂课 / 259

外国并不是天堂 / 265

受益不尽的五堂课 / 267

退休后继续为祖国奉献一切 / 270

参考文献 / 272

后 记 / 276

第一章
"民为贵",实质上民比官大

> 在我心目中,最重要的礼仪是敬民爱国、谦虚谨慎、言而有信。
>
> 在世界面前,我微不足道;和祖国加在一起,赢得了些许骄傲。

热爱祖国是第一位的

🎧 李肇星说

我在美国那么多年,一个最深的体会是:你如果不热爱自己的国家,就交不到朋友。美国人想这个人连自己的祖国都不爱,怎么能和他做朋友呢?所以热爱祖国是第一位的。

背景欣赏

2010年6月3日,李肇星在"中外名家讲习堂"发表题为"胸怀国家发展,纵横外交人生"的演讲时说:"我在美国那么多年,一个最深的体会是:你如果不热爱自己的国家,就交不到朋友。美国人想这个人连自己的祖国都不爱,怎么能和他做朋友呢?所以热爱祖国是第一位的。比如涉及主权和领土完整的问题,必须寸土不让。"

记者问,为什么很多西方国家对中国日益强盛感到不安?中国的最大危机是什么?李肇星说,只要我们中国人自强不息,就没有任何外国势力可以打败我们。我们要注重学习,不能自满,也不能自卑。一个人卑躬屈膝不难,难就难在平等待人、实事求是上。因此,我们

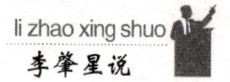

在平时工作和生活中一定要做到与时俱进、发奋图强，否则就要落后挨打。

"把祖国放在第一位，要用实际行动来诠释。"李肇星说，他在参观上海世博会时，遇到一批志愿者，这些志愿者在家里连饭都不会做，现在不仅自己做饭还当上志愿者。他们感慨地说，这次锻炼一辈子受益。千里之行，始于足下。我们年轻人就要像这些志愿者一样，从一点一滴做起，做好自己的本职工作。对于国家而言，遇到挑衅时不要怕，把自己管好，做强比什么都重要。目前，世界上约有3000多种语言，3000多个民族，若干种文化，我们反对霸权主义，主张互相学习，和睦相处，和谐交往，营造和平发展的环境。

李肇星曾在不同场合多次表示，虽然对外开放了，经济全球化了，但是每个人只有一个祖国，只有一个母亲，中国人民和世界人民的利益是一致的，我们可以坦坦荡荡地说：我就是为中国人民服务的，也是为世界进步服务的。

 智慧感悟

外交工作是国家行为，热爱祖国是最基本的信念。古人云：以身许国，何事不可为？祖国的利益高于一切是每个公民最基本的觉悟和修养，祖国的荣誉至上是每一个外交官的神圣职责和取之不竭的力量源泉。

要问自己会给祖国带来什么

李肇星说

学习要有一颗爱国心,要有报效祖国的志气。不要问祖国给自己带来什么,而要问自己会给祖国带来什么。

 背景欣赏

2008年12月17日,李肇星在河北工程大学发表以"关爱分享,自信成长"为主题的演讲时说:"学习要有一颗爱国心,要有报效祖国的志气。不要问祖国给自己什么,而要问自己会给祖国带来什么。"

面对当今世界上的种种挑战和机遇,中国人更加需要团结一心,充分发扬爱国主义精神。然而,什么叫爱国主义,怎样做才是真正的爱国主义,并非所有的人都能完全厘清。李肇星的深情话语,深刻揭示出一个道理,学子们只有将个人的需要与祖国的需要有机结合在一起,将学习热情、创造热情、奉献热情发挥出来,凝聚成实实在在的岗位奉献行动,才是报效祖国之举,才是赤诚的"爱国心"。

当今中国,存在一些不尽如人意的地方,也难免不能照顾到每个儿女的个性需求,但祖国母亲以她博大的胸怀,无私地抚育着每一个

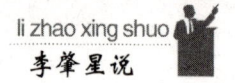

中华儿女。作为儿女，不能算计祖国给予了自己多少，而是要以赤子之心，虔诚地回报祖国的养育之恩。

"我，是中国人民的儿子，我深深地爱着自己的祖国和人民！"言语之中，李肇星处处体现浓烈的爱国之情，"让我们为我们的祖国感到自豪，也让我们用自己的学识和劳动，让祖国在世界上为自己的儿女骄傲。"正如他诗中所写："我追求的青春，是对祖国、人民无尽的报答。""在世界面前，我微不足道；和祖国加在一起，赢得了些许骄傲。"使人不禁想起宋代苏洵的名句："大丈夫生不为将，得为使，折冲口舌之间，足矣。"

李肇星对"爱国心"的解读，使莘莘学子更加明晰爱国主义的真正内涵。

 智慧感悟

热爱祖国不仅是一种志向、一种激情，而且是一个个具体的、实在的、看得见、摸得着的行动。建设祖国需要"大树小草"，也需要"钢筋水泥"。找准自己的定位，不好高骛远，不妄自菲薄，努力干好自己的本职工作，就是为祖国争光，为人民服务。

本来就是人,为什么还要"平易近人"

李肇星说

有些报道说某某领导"平易近人",以为那是表扬,其实本来就是人,干吗不把自己当人,还要近人。

背景欣赏

2006年2月25日,中国作家协会第六届全国委员会第六次全体大会在上海召开,外交部长李肇星作为中国作协会员出席会议并应邀作国际形势报告。一位对李肇星进行随机采访的记者问,您很忙吧?李肇星笑着说,不忙,那是唬人的。"有些报道说某某领导'平易近人',以为那是表扬,其实本来就是人,干吗不把自己当人,还要近人。中国语言实在有模糊性。你们说是不是?"难怪,连衣帽间的服务员都夸赞:"像这样没有架子的领导,真是少。"

当主持人介绍说:"我们的诗人部长很忙,平时日理万机,昨晚11点才到。"李肇星马上纠正:除了到达时间是准确的,"日理万机"、"诗人"都不准确。他又说:"现在不允许送礼,但是,有些礼还是要的,我和炳华（时任作家协会党组书记）是党校同学，他送了我好多你们的书，书我很喜欢，就收下了。可他就顺便说了做报告的事，要推脱得找理由，没时间是一个。没想到，炳华经验丰富，说周六不上班吧？所以，没辙，只好来了。同志们，以后要接受教训，不能随便接受礼物呀。"直白之后，李肇星坦陈了几点理由，在他看来，文学和外交有共通之处，一样观察世界、影响世界；同样为祖国交朋友；而文学家、外交家当了官，一样都离不开实干，"外交家还要谈判，作家还要写作"。

　　李肇星说："其实，正如鲁迅所说，一个人要骄傲很容易，要自卑也不难，难的就是一辈子平等待人。"

　　"平易近人"原为"平易近民"，出自西汉的司马迁的《史记·鲁周公世家》："平易近民，民必归之。"意思是政治如果不简要平易，民众就不愿意接近，平易近民，民众才会归附。可是到了唐朝，为避唐太宗李世民讳，凡言"民"者皆改为"人"，此语也不例外，如白居易《策林·十二》引用这句话时就改成了"平易近人"。这样一改，意思也就变了，从指政治策略变成指为人处世的态度，有时也指文章风格浅显易懂。李肇星对时下有些"平易近人"成语用法的"新解"正是他"亲民"情怀以及真诚平等待人的内心独白。

智慧感悟

　　词语的变异记录着历史的变迁，然而中国共产党人为人民服务的宗旨始终没有变。革命战争年代，我们要求党员干部必须"密切联系群众"，党群关系是"鱼儿离不开水"。和平年代，党员干部要"深入基层群众"，好的党员领导被形容为"平易近人"，没有官气，其实细细品味，"平易敬人"更符合党的宗旨。

敬民爱国，知书达礼

李肇星说

在我心目中，最重要的礼仪是敬民爱国、谦虚谨慎、言而有信。采访礼仪与外交礼仪触类旁通，内政和外交同出一个母体，做记者和做别的工作都得先学做人。

背景欣赏

2010年9月19日，李肇星在广州飞往南京的航班上，为人民日报出版社即将出版的《采访礼仪论》书稿撰写了序言。

在这篇序言里，李肇星提出礼仪的真谛来源于"民为贵"的理念，平等相待和相互尊重是采访礼仪的基本规范。"在我心目中，最重要的礼仪是敬民爱国、谦虚谨慎、言而有信。采访礼仪与外交礼仪触类旁通，内政和外交同出一个母体，做记者和做别的工作都得先学做人。新闻无国界，记者有祖国，有良知。中国记者和其他中国公民一样，在国家主权等大问题上要坚持原则，有历史悲壮感和现实责任感，并在采访和写作中有所体现。常见的例子包括，在提及领土完整问题时，必须牢记，普天之下我们只有一个祖国，不可出现祖国一个地区的名字与国家名字相提并论的情况……记者的职业准则应深植在作为普通公民的爱国情怀之中。"

李肇星从事外交工作以来，天天看新闻，作为发言人结交了许多记者朋友。他认为，自古以来，礼仪的政治性极强，在日趋纷繁的跨领域、跨国界交往中尤其如此。在媒体如林、信息爆炸的时代，采访与被采访已司空见惯，但谈提高记者素养和采访水平的书却不多。《采访礼仪论》比较全面地梳理、总结了新闻工作者应具备的文明礼仪素养。该书值得一读的原因之一，就是介绍了记者工作时在礼仪上需要注意，不可掉以轻心的大大小小事项。

礼仪是思想感情和实际利益的载体。在这个意义上，形象重要，但最重要、最根本的是人民的利益。李肇星认为，敬人者，人恒敬之。自重与敬人应时时处处有机结合。他说过，最难忘的情景是：我国代表团访问坦桑尼亚和德国时，当地老人合唱团为我们用汉语无伴奏齐唱中国国歌；2004年11月，胡锦涛主席对古巴进行国事访问，当奏响中国国歌时，卡斯特罗主席艰难地从轮椅上站起来向中国国旗致敬；访问法国时，法外长在正式欢迎午宴上用红黄玫瑰组出中国的国旗图样……这一切，都同新中国外交一贯强调平等友好地与其他国家和平、和谐相处有关。

文章千古事，得失寸心知。对老百姓要诚恳，对读者和听众要负责，是李肇星"民为贵"理念的集中体现。他常讲，你的采访文字得先感动自己，才能感动国人，进而感动外国人。要虚心问计于民，获取第一手材料。如果记者自视太高，甚至自诩高于群众，便是无知、粗鲁的表现。提问可以坦率一点，尖锐一点，同时纯朴实在，贴近生活；不嫌贫爱富，不欺软怕硬；重大节，也不忽视细节。简洁是一种美。采访时，在不影响信息量的前提下，说话宜尽可能地注意节约时间。他赞赏新华社前总编南振中倡导把"有话则长、无话则短"进化为"有话则短，无话则免"，这才是与时俱进。现在大家都忙，不喜欢那种

问题比答案还冗长的采访报道。新闻可算是贬值最快的一种"商品",往往是广学博采的记者才可能及时写出有价值的新闻。

李肇星强调,牢记并深信人民至上、祖国永恒、学海无涯,自然会注重以礼待人。良好的礼仪有利于采访的成功,知书达礼有利于为和平发展服务。

 智慧感悟

中华民族素以礼仪之邦享誉天下,在新媒体迅速成长,以及与大众传播的激烈竞争中,"人人都有麦克风",新闻职业进入公关时代,这要求记者从当代礼仪学视角出发,提高采访者素质能力,从实现采访目的出发,探索文明礼仪表达艺术,营造平等待人和实事求是的境界,提高媒体的可信性和权威性。

记者的水平体现在提问的犀利和得体

李肇星说

记者的水平体现在提问的犀利和得体。得体大体上是指符合自己的身份、当时的气氛和大众的期待。读者和听众盼望记者替他们发问。记者一开口，听者就知道你的水平和态度。

背景欣赏

2008年9月14日，在中国传统节日中秋节聚会上，李肇星收到香港驻京记者阮次山请他作序的书稿《与世界领袖对话》。作者所到过的地方，李肇星大都到过；采访过的人，他大多也见过；对话的主题，他大都曾关注过。李肇星度过了一个无眠的中秋夜，到凌晨才翻看完书稿，第二天便在飞往东京的国航班机上写下一段读后感："记者的水平体现在提问的犀利和得体。得体大体上是指符合自己的身份、当时的气氛和大众的期待。读者和听众盼望记者替他们发问。记者一开口，听者就知道你的水平和态度。阮次山采访注重追根究底，报道深入浅出。"

第一章 "民为贵"，实质上民比官大

阮次山专访老挝总理布帕可时，态度谦虚，又不回避敏感问题。他提问：老挝搞社会主义，公务员薪水低，怎样才能维持公务员适当的生活水平呢？布帕可回答：公务员都有一些田地和庄园。阮次山追问：有第二职业会不会导致贪污腐败？布帕可作了详尽的解释。可见，适当而执著的问题才可能得到中肯的回答。

采访原居中国哈尔滨犹太人后裔、以色列总理奥尔默特时，阮次山的提问引出奥尔默特一段有趣的话："中国领导人管理一个13亿人口的国家固然不容易，我是700万人的总理也不容易，因为每个以色列人都认为自己是总理。"

好的记者的成功不是偶然的。从该书的字里行间不难看出，阮次山对每位采访对象事先都做了尽可能详尽的调查研究，对每个话题都"做了功课"。在采访马来西亚总理巴达维之前，阮次山仔细听了巴达维的最新演讲，了解了巴达维作为一位虔诚穆斯林的生活习惯，以及作为一位政治家所关注的问题，包括环境问题、人民币汇率问题等，所以对话才那么流畅。采访菲律宾总统阿罗约前，他已熟知总统丈夫及其三个子女的工作和学业概况。采访孟加拉国诺贝尔奖得主、经济学家尤努斯前，他专门研究了孟加拉国的现状，发现"穷人的尊严就是他们的担保"，而西方银行是"晴天给你送伞、雨天把伞收回"那种主儿。为采访俄罗斯总理、总统普京，他的准备工作更为周密，甚至知道普京的女儿在学中文，这就使对话有了新的切入点。

李肇星与记者建立了良好的互动关系，更了解记者提问既犀利又得体的方式，也就有资格对如何当好新闻记者发表自己的真知灼见。

 智慧感悟

一分耕耘，一分收获；多少辛劳，多少花果。记者的辛勤劳动成就了高效务实的采访报道。深刻的前提是睿智，幽默的本质是真实，记者的基本功是找准自己的定位，挖掘和展示世间真情，传播真理。

"民为贵",实质上民比官大

🎧 李肇星说

牢记小平同志说的干部要"怕"党、"怕"群众,人民是咱们的衣食父母。"民为贵",实质上民比官大,这个辩证关系千万别弄颠倒了。

📷 背景欣赏

2010年11月26日,李肇星从合肥飞往广州参加亚运会闭幕式途中,就当年毕业于滁州学院的刘悦经中组部和安徽省委组织部考试被录用,初任合肥市双墩村村支书助理的汇报,在随身携带的小本本上写下感言:

"你昨天的话令我感动。你对理想追求的坚韧、对你们村的热爱、对农民善良品格的发现……都引起我这个在安徽邻省山东乡下长大、比你早毕业46年的大学生的共鸣。除了组织上安排的'规定动作'外,有几点关于工作和生活的想法转送你参考:牢记小平同志说的干部要'怕'党、'怕'群众,人民是咱们的衣食父母。'民为贵',实质上民比官大,这个辩证关系千万别弄颠倒了。"

  李肇星还语重心长地告诫：

  ——多学习村里人的优点，体贴他们的困难，给一些力所能及的必要帮助；对他们的缺点，诚恳地适当指出、引导。毕竟，去年我国大学生毛入学率仅为 24.2%。中国每位大学生实际上代表着 4 到 5 个同龄人在为祖国学习。知识多一点的人有责任与同胞们分享。这也是一份光荣。

  ——老师、父母不在身边，要学会照顾自己。毛主席 1950 年就告诉学生们"健康第一"，每天体育锻炼或体力劳动不宜少于一小时。记得胡主席年前曾强调青少年要德智体美全面发展。

  ——做事会遇到困难，战胜困难的过程最有意思。内政外交莫不如此。我喜欢巴西足球明星贝利多年前与记者的一场对话。记者问：你儿子有朝一日会和你一样成为世界足球先生吗？贝利答：不可能。问：为什么？答：他爸比我爸有钱……

  ——别学抽烟、喝酒。尤其是女官员在公共场合切忌烈酒。可告诉热心劝酒者，安徽老乡吴委员长就不喝酒，连人民大会堂国宴也不上白酒、香烟。

——抓紧学习能提高劳动效率。除领导给的学习机会要用好外,每日读书和看电视等不宜少于1小时。当然,要注意保护眼睛。昨天《江淮晨报》记者张沛说,被幸运地保送到北京大学的五位江淮女孩中,有4位戴眼镜,比例太高了。

——我把点点滴滴的想法随手写在刚翻阅过的一份讲稿背面,想起大约七年前温总理曾在一次会上倡导,为带头节能减排,干部办公纸要用两面……本来,勤俭就是中国和其他发展中国家的好传统。

——昨天谈起西方的感恩节,忘了对你说,据我了解,1620年跑到北美的那批英国人及其子孙本应永远感激乐善好施的印第安牧民,后来他们却淡忘了。这段历史不可不察。为人、为官共同点之一是,要始终感谢父母、老师、老领导、老朋友,包括老穷朋友……知恩知谢才容易快乐,俄罗斯作家契诃夫说,快乐的心情是最大的免疫力。

李肇星在飞机上给这位立志干事创业的大学生女村官写留言,字里行间,彰显出一名老外交家对"民为贵"的守望与实践。

 智慧感悟

水能载舟,亦能覆舟。人民群众是推动历史前进的动力,党员干部树立人民至上、服务为本的理念,是集中民智、持续发展的前提和条件,是执行党的群众路线的出发点和落脚点。

国宴菜单不超过三菜一汤，
不上白酒不上烟

李肇星说

国家主席宴请外国前来国事访问的元首，或者是我政府首脑宴请外国前来政治访问的外国政府首脑时，国宴也进行了改革，而且前几年就改了，菜单不超过三菜一汤，不上白酒不上烟。

背景欣赏

2009年3月4日，十一届全国人大二次会议新闻发布会在人民大会堂举行，大会副秘书长、大会发言人李肇星介绍我国接待外国元首的国宴情况。他说："在大会堂举行的国宴，就是国家主席宴请外国前来国事访问的元首，或者是我政府首脑宴请外国前来政治访问的外国政府首脑时，国宴也进行了改革，而且前几年就改了，菜单不超过三菜一汤，不上白酒不上烟。"

李肇星1940年10月20日出生在山东胶南大珠山乡王家村，从小饿着肚子长大，最能理解勤俭节约的内涵，他介绍我国接待外国元首的国宴菜单不超过三菜一汤,不上白酒不上烟,真是"别有一番滋味在心头"。

中国人好客,有些人又往往喜欢讲排场,有时宴请的山珍海味堆积如山,奢侈消费,铺张至极。一些"富起来"的家庭"见怪不怪",而一些政府机关在这方面也是"有过之而无不及"。一个小乡镇、县城,包括一些负债累累的国企,一顿饭的标准要比"三菜一汤"国宴标准高出几倍、十几倍。公款吃喝之风屡禁不止,有的单位普通迎送接待,动辄十几个菜,外加烟酒、水果,习以为常。如遇上面来人检查,更是精选生猛海鲜,抽极品烟,喝高档酒,一桌吃掉几千元,司空见惯。不公款吃喝反倒常常成了脱离"主流"。公款吃喝之风的蔓延与盛行,不仅浪费了国家的资财,而且败坏了党风、伤痛了民心。

三菜一汤的国宴菜单,可能在一些人的眼里,似乎有点"寒酸",但正是我们党艰苦奋斗的优良传统和作风的真实再现,是国家领导人带头倡导厉行节约的具体行动,有着"随风潜入夜,润物细无声"的示范作用。

当前经济发展面临巨大挑战,厉行节约不仅能够树立党政机关领导干部的良好形象,而且有利于促进社会和谐稳定,坚定共克时艰的信心和决心。

 智慧感悟

当年,美国记者斯诺在延安看到我们党的领导人住窑洞、吃粗粮、亲自纺线的情景,深感共产党的伟大,称这种力量为"东方魔力",是"兴国之光"。如今,李肇星介绍我国接待外国元首的国宴菜单,让国际社会再次感受到这种"东方魔力"和"兴国之光"的巨大力量。

子弟兵的生活水平是不是也应该相应提高

🎧 李肇星说

你知道,我们中国的传统是军爱民、民拥军,老百姓的生活水平提高了,子弟兵的生活水平是不是也应该相应提高?

背景欣赏

2009年3月4日,十一届全国人大二次会议新闻发布会在人民大会堂举行,大会副秘书长、大会发言人李肇星就会议议程及相关情况作介绍并答记者问。一位俄罗斯通讯社记者问,中国军费在增加,用于做什么?李肇星说:"中国今年的军费有所增加,具体情况我可以慢慢地向你道来。如果你对这个问题感兴趣,那么我请你拿出笔来认真记一记,因为这些事情涉及很多数字,不太容易光凭印象就记得清楚。"李肇星以聊家常似的提醒作铺垫,拉近了问答者间的距离。李肇星接着说:"你知道,我们中国的传统是军爱民、民拥军,老百姓的生活水平提高了,子弟兵的生活水平是不是也应该相应提高?"

从中国的"传统"到"老百姓"生活提高,用反问、商量的语气阐述"子弟兵"的生活同样应该提高的道理，有理有据，令人信服。

李肇星介绍，2009年中国国防预算为4806.86亿元人民币，比2008年的预算执行数增加624.82亿元人民币，增长率为14.9%。国防费预算占当年全国财政支出预算的6.3%，与前几年相比所占比重略有下降。2009年中国增加的国防预算主要用于提高军队官兵的生活待遇。

中国还需要加大军队信息化建设的投入，适应军事变革需要，还要适当增加装备及其配套设施的建设经费，提高军队在信息化条件下的防卫能力。加强军队抢险救灾、反恐维稳等非战争军事行动的应急能力建设，提高军队应对多种安全威胁，完成多样化军事任务的能力，支持驻四川汶川地震灾区受灾部队基础设施的恢复重建工作。

李肇星强调，中国政府依据预算法和国防法，对国防费实行严格的财政拨款制度，每年的国防费预算都纳入国家预算草案，由全国人大审查批准。从2007年开始，中国政府正式参加联合国军费透明制度，每年向联合国提交军费开支报告，中国不存在所谓的"隐性军费"问题，也不对任何国家构成军事威胁。事实确凿，说理充分。

 智慧感悟

外交辞令讲究简洁、准确、尊重对方，外交语言讲求以柔克刚、刚柔相济的方式。如果一味说"狠话"，解一时之气，不仅不能消除对方的误会，还可能成为"中国威胁论"的把柄。

每一个人都是国家名片

李肇星说

就我的形象而言,不是靓丽的名片。但每一个中国公民在外国人面前都是国家名片。

背景欣赏

2009年4月14日,李肇星在安徽省直机关大讲堂作国际形势报告。当主持人、安徽省副省长文海英介绍李肇星是中国外交的靓丽名片时,李肇星幽默地说:"就我的形象而言,不是靓丽的名片。但每一个中国公民在外国人面前都是国家名片。"

名片又称卡片,中国古代称名刺,是标示姓名及其所属组织、单位和联系方法的纸片。名片是新朋友互相认识、自我介绍的便捷方式。交换名片是商业交往的第一个标准官式动作。李肇星把每个中国人比作"国家名片",既生动恰当,又符合实际。

李肇星指出,当今世界呈现出国际格局多极化、国际行为主题多元化、发展模式多样化的趋势,在新兴发展中国家竞争日益激烈的国际大环境中,国家的形象至关重要。中国人民和世界人民的利益是一致的。中国是爱好和平的国家,最希望看到自己好、邻居好,希望邻国发展进步、稳定繁荣。改革开放三十多年来中国一直在国际上发挥着重要作用,在积极应对全球金融危机、推进六方会谈、维护周边稳定、应对气候变化等方面,凸显了坚持和平与发展的东方大国形象,赢得了世界人民的赞誉。这些都是全体中国百姓奋斗的结果。

 智慧感悟

中国在国际上的地位不断提高,影响不断扩大,中国人的素质到底怎样,耳听为虚,眼见为实。国际交往的机会有限,许多外国人就是"通过一个人了解全中国",那么每个人就成了名副其实的"国家名片"。所以,每一个人在外国人面前,必须以国家荣誉为己任,展示中华民族的传统美德,自觉担当国家形象的代言人。

我最珍惜的记忆是到困难国家的访问

李肇星说

有一句话曾在年轻人中很流行,叫作外面的世界很精彩。现在看来,我自己永远难忘的、我最珍惜的一些记忆,是我访问过的一些困难多的国家,比如说,在发展中国家最集中的非洲大陆我已访问过47个国家。旅行这么多,当然会累一点,但是能为世界和平尽点力,能为自己的国家多交些朋友,也是人生的幸福和责任。

背景欣赏

2007年3月6日,十届全国人大五次会议在人民大会堂举行中外记者招待会,外交部长李肇星就我国外交工作以及国际和地区问题答记者问。中央电视台记者问,你认为目前国际社会应该如何推动伊朗核问题的解决?中方准备做哪些努力?另外,作为外交部长,你常年在外,过去一年在国外,包括在飞机上度过多少时间?它能从一个侧面折射出去年一年中国外交的态势。

李肇星说,在伊朗核问题上,中国忠实地履行自己作为《核不扩散条约》缔约国的义务。我们坚定地维护核不扩散体系,我们一直支持通过外交努力和平解决伊朗核问题,这对各方都有好处。中国一开始就参加了安理会五个常任理事国加德国的磋商。我们认为联合国通过的决议应该得到执行。

我们欢迎、支持并呼吁伊朗同国际原子能机构加强合作,希望伊朗方面珍惜同欧盟国家和俄罗斯等国的谈判渠道。世界上没有什么比和平更值得珍惜,更加可贵。我们希望国际社会的所有努力都能有利于外交谈判的恢复,安理会的任何行动都能有利于推动这一地区走向和平稳定。

李肇星说,我读中学时的梦想是能够像在座这么多朋友一样做记者,原因之一是想多坐汽车、多坐火车,特别是多坐飞机。最后记者没当成,但飞机坐过不少。你问的数字,我没有办法统计,因为太多了。礼宾官帮我统计了一下,2006年我陪胡锦涛主席出访4次,陪温家宝总理出访3次,我自己出访7次,大约到过50多个国家。

他说:"有一句话曾在年轻人中很流行,叫作外面的世界很精彩。现在看来,我自己永远难忘的、我最珍惜的一些记忆,是我访问过的一些困难多的国家,比如说在发展中国家最集中的非洲大陆,我已访问过47个国家。旅行这么多,当然会累一点,但是能为世界和平尽点力,能为自己的国家多交些朋友,也是我的幸福和责任。"

让李肇星最难忘的是2007年年初,他11天里访问了赤道线上和附近的7个国家。那里天气比较热,蚊子比较多,但是人民勤劳、勇敢、智慧,对中国人民充满了真诚的友谊。见到这些国家的人民,他就像见到了自己的亲人。中国永远不会忘记非洲人民对中国的帮助,包括在新中国恢复在联合国合法席位问题上给予中国的宝贵支持。

在非洲一些自然条件艰苦的国家,忙碌着许多中国记者、中国工程技术人员,特别是中国医生。从1956年到2007年,中国共向非洲派出1.6万人次的医疗队员,帮助非洲老百姓看病2.4亿人次。

李肇星说

令李肇星备受鼓舞的,就是那次从非洲回到北京后,有那么多青年朋友来找他,希望他能帮他们想点办法,让他们到非洲去做青年志愿者,和非洲人民一起劳动,一起使这些非洲国家变得更富裕、更美丽。

 智慧感悟

救危扶贫是中华民族的传统美德。坚持公平正义是建设和谐世界的理念。面对危机与贫困,有一颗善良的心,有一份诚挚的情,有一种爱好和平发展的责任感,团结全世界人民共克时艰,共同维护人类现代文明新秩序。

军爱民，本立道生

李肇星说

军爱民，本立道生。我和人民军队有数不尽的幸福情结，为人民服务的路没有终点。遥祝七十岁的母校生日快乐！

背景欣赏

2008年"八一"建军节后，李肇星的母校南京陆军指挥学院70华诞之际，他在巴黎南郊148招待所，想起《论语》中"君子务本，本立而道生"，便写道："军爱民，本立道生。我和人民军队有数不尽的幸福情结，为人民服务的路没有终点。遥祝七十岁的母校生日快乐！"

李肇星出生不久家乡就解放了。他吃的第一个白面馒头是八路军炊事班的战士给的；他学着哼唱的第一支歌《解放区的天》是八路军战士教的；上了小学，他看的第一部歌剧《小二黑结婚》是民兵县大队文工团演出的；上了中学，他听的第一个国际形势报告是上甘岭英雄黄继光的部队一位营教导员作的；研究生毕业后，他第一次正规学习军事理论是在南京陆军指挥学院的前身——中国人民解放军高等军事学院。在此，李肇星更能理解"军爱民，本立道生"的内涵。

李肇星说

1966年，南京陆军指挥学坐落在南京紫金山余脉富贵山上，院长是刘伯承元帅，步兵系主任是许世友将军。李肇星刚进中国人民外交学会亚非部，奉命陪同六位非洲自由战士到学院步兵系接受两个月的培训，兼做翻译。所以，他这个预备党员、预备役民兵有幸能在这个最高军事学府当上外国留学生的领队。

李肇星为了准备给其少年时代就仰慕的许世友等教官做翻译和辅导非洲青年朋友，两个月就通读了《毛泽东军事文选》中、英文版各一遍。他不仅在课堂上认真做翻译，还在晚自习时尽其所能地给学员讲解毛主席军事论述。除了战略、战术教育，学院还注重教学生使用一些常规兵器的基本功。在翻译过程中，李肇星和非洲朋友一起学射击、投弹……考试时，他手枪射击成绩是优，半自动步枪射击是良，步枪一百米三种姿势连续射击为及格。

南京陆军指挥学院在国际上威望颇高。从1970年开始，李肇星在非洲常驻近9年，访问过非洲多个国家。在双边和多边活动中，他遇到过20余位曾在南京学习过的总统、总理、部长、省长、大使、参赞、司长……他们以做过校友、战友而高兴，他们在工作上给予了李肇星宝贵支持，都愿发扬学院的好传统，为中非人民和全世界人民的友谊继续努力。

智慧感悟

人民军队是人民子弟优秀分子的集合体，人民军队是一座大学校，是一座大熔炉。一个人在人民军队中学习深造、加钢淬火，加强体能体魄锻炼，提升思想品德修养，为事业发展打下坚实的基础。

帮助别人也是帮助自己

李肇星说

中国是一个发展中国家,地域和城乡发展不平衡,老百姓的生活也不算富裕,我们自己的发展任重道远。在我们看来,帮助别人也是帮助自己,我们在谋求自身发展的同时,也向其他发展中国家提供力所能及的援助。提供援助的时候都不附加政治条件,援助是务实的。

背景欣赏

2007年3月6日,十届全国人大五次会议在人民大会堂举行记者招待会,外交部长李肇星就中国外交工作及国际和地区问题答中外记者问。一位彭博新闻社记者问:中国在和平崛起,将成为世界上非常有影响的国家。中国表示不会干涉其他国家。可是一个大国不可能不去影响别人,您怎么解释中国外交政策如何影响而又不干涉别人?

李肇星说:"中国是一个发展中国家,地域和城乡发展不平衡,老百姓的生活也不算富裕,我们自己的发展任重道远。在我们看来,帮助别人也是帮助自己,我们在谋求自身发展的同时,也向其他发展

李肇星说

中国家提供力所能及的援助。提供援助的时候都不附加政治条件,援助是务实的。"在2007年年初短短的12天里,胡锦涛主席就对8个非洲国家进行了国事访问。访问的重点之一是落实在2006年召开的中非合作论坛北京峰会上,中国政府提出的同非洲国家加强互利合作,对非洲国家提供力所能及援助的具体措施。

李肇星说,我们坚定走和平发展道路,在国际上我们发挥着建设性作用,我们为世界的和平、发展和合作事业而努力。刚才我提到,国际关系中一条很重要的准则,就是《联合国宪章》第一章第二条所规定的不干涉内政的原则。不能想象,一个国家或者国际组织试图干涉另一个国家的内部事务,世界还会保持和谐,保持和平发展。国家之间可以进行平等友好的协商。我们就是持这样一个态度同非洲国家和所有国家进行平等对话、友好合作。

智慧感悟

同一个世界,同一个梦想。中国人民视世界人民为一家,同是弟兄姐妹,有着共同的利益和目标。中国人民以博大的胸怀,诚心诚意帮助困难国家的人民,实现互利共赢,正是国际人道主义精神的体现,是维护世界和平与稳定的善举。

你是一个中国公民，
还有什么比这更光荣的

🎧 李肇星说

接待外宾时不骄傲、不自卑，平等相待，你是一个中国公民，还有什么比这更光荣的！

背景欣赏

2010年4月21日，李肇星应邀到广东外语外贸大学演讲，一名学生提问："亚运会志愿者在与有身份的外宾接触时，应该注意些什么？"

李肇星说："接待外宾时不骄傲、不自卑，平等相待，你是一个中国公民，还有什么比这更光荣的！"此语立即博得全场师生长时间的鼓掌。

在谈到红色广州时，李肇星回顾了虎门销烟、鸦片战争、黄花岗起义等事件，鼓励同学们有时间多参观黄花岗七十二烈士墓、广州农民运动讲习所等这些"活的立体教科书"，培养爱国情操。李肇星很赞同前副总理钱其琛对外交两大主要任务的解说：第一，谋和平；第二，为国家结交朋友和平等互利的合作伙伴。他说，中国外交的大事就是：

li zhao xing shuo
李肇星说

同大国搞好关系，保持健康正常的交往；与邻国搞好关系，睦邻友好是中国外交的首要任务；发展中国家是我们最可靠的朋友，与发展中国家的团结合作是中国外交的基础。

李肇星告诉人们，中华民族不再是任人宰割的羔羊，中国应当更加自信地面向世界、面向未来，作为一名中国人应当更加从容地展示中国、展示自我。

 智慧感悟

新中国成立后，经过60多年的奋斗，中国人民已由世界"舞台边沿"走向"舞台中心"，东方巨人向国际社会展示着多彩的英姿，彰显着中国人的志气、锐气。我们坚持和平发展，在涉外交往中，要尊重礼俗，求同存异，"不伤主人之雅，不损客人之尊"，既不能唯我独尊，盛气凌人，也不能妄自菲薄，丧失民族气节，这就是外交礼节中不卑不亢、自尊自爱的原则。

第二章
三个"T"问题,没必要杞人忧天

被誉为处理国家间关系的"黄金法则",镌刻于联合国总部大厅。具有五千年悠久历史的中华文化是中国外交取之不尽的智慧源泉。

我不是什么"铁嘴钢牙"外交家,如果一个人的牙齿是金属做的,那多难看呀。做好外交官要讲道理,用事实明辨是非,主持公道。

发言人要说自己知道的，可以说和应该说的真话

李肇星说

发言人既是人，也不是"人"，发言人代表一种机制。发言人虽然上电视，但不是即兴表演、追求自我表现的演员。发言人代表国家，应该字斟句酌，如履薄冰……必须掌握两条：说自己知道的，可以说和应该说的真话。

背景欣赏

2004年3月6日，外交部长李肇星接受中外记者的采访，有记者提问怎样当好发言人，李肇星说："发言人既是人，也不是'人'，发言人代表一种机制。发言人虽然上电视，但不是即兴表演、追求自我表现的演员。发言人代表国家，应该字斟句酌，如履薄冰……必须掌握两条：说自己知道的，可以说和应该说的真话。"

"说自己知道的"，即一种求真务实的态度，知之为知之，不知为不知；"可以说的"，即一种有限的范围，需经授权，口径一致；"应

该说的"，即一种应有的责任，突出重点，解读到位，灵活运用，化为自己的语言。李肇星说："发言人不是那些抱有侥幸心理的学生答卷，不会可以'蒙'，'蒙'对了，白捞几分；'蒙'错了，最多扣几分。作为发言人，时刻感受到中国人对历史、对和平的责任。我深切体验到作为中国人的自豪。"

李肇星有9年的非洲工作经历，11年的新闻司工作经验，13年的联合国全权代表、驻美大使和外交部副部长工作阅历，而新闻司则是外交部公认的最能培养人的地方，国务院前副总理钱其琛，外交学院院长吴建民等都在新闻司工作过。李肇星做了5年的发言人，经受了"很好的锻炼"。

熟悉政策、反应敏捷、外语娴熟，这些都是发言人应具备的基本素质。除此之外，李肇星还有独特的感受：集体比个人更重要，个人的作用总是微乎其微的，故而他强调在某种意义上，发言人不是"人"，只是一种工作机制，同时要特别善待新闻媒体。

从钱其琛作为外交部的首位发言人，1982年3月26日举行外交部第一次新闻发布会，到现在外交部发言人已有28位，他们是：钱其琛、齐怀远、俞志忠、王振宇、马毓真、李肇星、金桂华、李金华（女）、吴建民、段津、范慧娟（女）、李建英、沈国放、陈健、崔天凯、唐国强、朱邦造、孙玉玺、章启月（女）、孔泉、刘建超、秦刚、姜瑜（女）、马朝旭、洪磊、刘为民、陆慷、华春莹。

智慧感悟

一位优秀的发言人应该是有口径而不唯口径。口径是一个基本的框架，内容需要自己根据不同的对象、不同的环境和时机，去发挥、充实或调整，将政策化解成为自己鲜活生动的语言，让人愿意听，并乐意接受，积极行动。

历史不应该成为拖后腿的包袱

李肇星说

我认为历史应该是一种进步力量，而不应该成为拖后腿的包袱。真理往往是最朴素的。以史为鉴，面向未来，就是最简朴、最实在的解决问题的办法。

背景欣赏

2007年3月6日，十届全国人大五次会议在人民大会堂举行中外记者招待会，外交部长李肇星就中国外交工作及国际和地区问题答记者问。香港有线电视记者提问，最近日本首相安倍晋三发表有关"慰安妇"的言论，表示他对这个问题不会再道歉。请问这对中日友好关系会有什么样的影响？对温总理下个月访问日本会不会投下阴影？

李肇星说："强行征用'慰安妇'，是日本军国主义者在第二次世界大战中所犯的严重罪行之一，这是历史事实。日本政府应该承认历史事实，负起责任，郑重地、妥善地处理这一问题。我认为历史应该是一种进步力量，而不应该成为拖后腿的包袱。真理往往是最朴素的。以史为鉴，面向未来，就是最简朴、最实在的解决问题的办法。"

李肇星说

李肇星说，在日本一个寺庙里，我见过这样几个汉字，叫"大道无遮拦"，我当时的联想就是中日两国人民世世代代友好下去就是一条康庄大道。它的发展是任何力量都不能阻挡的。2006年10月，中日双方就克服两国关系的障碍和促进两国关系健康发展达成一致，中日关系开始走上改善与发展的轨道。我们愿意根据两国之间三个共同政治文件的精神，积极发展睦邻友好合作。

李肇星表示，我们愿意同日本就东海问题进行磋商，坚持共同开发的大方向，寻求双方都能接受的办法，使东海成为友好之海、合作之海、和平之海。我们希望看到日本在国际和地区事务中发挥重要的作用。你心里想到的可能还有安理会改革问题，这是一个多边问题，我们愿意同包括日本在内的各方参加民主讨论。

李肇星强调，日本政府应该看到问题的症结，放下沉重的历史"包袱"，敢于正视过去，面向未来，尊重世界爱好和平人民的感情。我对温家宝总理即将对日本进行的正式访问取得成功更加充满信心。

李肇星曾在《和平、发展、合作——新时期中国外交的旗帜》一文中写道："爱好和平，讲信修睦，协和万邦是中国文化传统的重要组成部分。中华民族在对外交往中，主张亲邻善邻，和而不同，追求和谐。"又写道："孔子在两千多年前提出的'己所不欲，勿施于人'被誉为处理国家关系的'黄金法则'，镌刻于联合国总部大厅。""具有五千年悠久历史的中华文化是中国外交取之不尽的智慧源泉。"

智慧感悟

前事不忘，后事之师。历史是一本最好的教科书。深刻反思过去，牢记惨痛教训，以实际行动反省前车之鉴，尊重受害国人民的感情，才能避免因重蹈覆辙而给本国人民和世界人民带来灾难。中国有句俗语，叫"放下包袱，轻装前进"，这样才能走得远、走得快、走得好。

凡是没花钱的东西我们都不要

李肇星说

我们在国际贸易中,坚持公平原则。在中美贸易中,我们买什么,美国就应该给什么。凡是没花钱的东西,我们都不要。

背景欣赏

2003年,李肇星出任外长后,会见美国名牌大学十几位教授。一位教授突然问,网上有消息说,美国情报部门在中国订购的一架波音飞机上安装了尖端的窃听器设备,他们估计,这架飞机有可能被中方派作专机使用。

李肇星略加思索后,平静地说:"我们在国际贸易中,坚持公平原则。在中美贸易中,我们买什么,美国就应该给什么。凡是没花钱的东西,我们都不要。"如此巧妙对答,立刻赢得教授们一阵喝彩声。会见结束后,美国一位教授表示,中国外交学院应该将李外长刚才的精彩回答写入教材,美国波士顿外交学院也应将其作为教材案例。

 智慧感悟

  幽默含蓄是一门语言交流艺术，也是一把双刃剑。既能把复杂问题运用简单形象化的方式解剖开来，又能把敏感冲突问题遮掩起来，模糊处理，在不伤面子、不伤雅兴的和谐氛围中揭示真理，达到弘扬真善美，鞭挞假丑恶的目的。

中国的国旗必须保证在7月1日零点零分零秒升上去

🎧 李肇星说

你们英国人已经占领香港100多年了,最后46秒还要跟我们争。中国的国旗必须保证在7月1日零点零分零秒升上去!

 背景欣赏

1997年7月1日,香港回归祖国。李肇星曾陪同邓小平同志与撒切尔夫人会谈。他说,一辈子都不会忘记那次会见。当时邓小平说,你(撒切尔夫人)这次来是谈香港回归问题的,香港要不要回归不要谈,我们肯定是要收回香港的。如果我们中国共产党人、我们新中国人民政府不能在1997年7月1日之前收回香港,那么中国人民不会要我们!其他的具体事怎么交接,怎么个仪式,你们怎么走,我们怎么进,那是下边的人去谈。这就是我们国家领导人的气魄。李肇星当时很受震撼!

收回香港过程中,李肇星负责了两件"小事",其一是代表中国政府到深圳去接收九龙海关。另一件事是收回香港仪式中的一个细节问题——乐队演奏和国旗升起的时间。李肇星说，中国政府去了一个军乐团，准备7月1日在香港土地上升中华人民共和国国旗时，演奏国歌《义勇军进行曲》。这还要谈吗？但英国人提出来，什么时候开始演奏？中国的国歌一般演奏时间都是46秒，李肇星回答说，在1997年7月1日零时前46秒，我们就要开始指挥演奏国歌，这样到7月1日零时零点零分零秒时，我们的国旗刚好升到顶上。但英国人说，你们还是零点零时零秒再开始演奏吧。那就意味着我们的国旗要到46秒之后才能升上去。李肇星说，英国人就这么一点小事也要计较，当时他来不及请示上级，当即就说不行："你们英国人已经占领香港100多年了，最后46秒还要跟我们争。中国的国旗必须保证在7月1日零点零分零秒升上去！"最后英国人同意了。为了维护祖国的荣誉和利益，也是为了中国老百姓的感情与尊严，他们尽了最大的努力，争取把事情做到位。

李肇星常说，外事无小事，因为外事跟国家的荣誉，特别是国家的利益密切相关。有的事看起来小，但小中见大，实际上蕴含着一定的历史和现实意义，不可等闲视之。

 智慧感悟

外交有时是国家之间的一种博弈。外交无小事，是指对外交往关乎国家和人民利益，身负重托，使命光荣，责任重大；外交又有重点，是指必须善于抓大放小，争取以一两拨千斤，最大限度地维护国家的尊严和正当的权益。

把抢来的文物拍卖不算"有道"

李肇星说

中国有句名言,叫做"君子爱财,取之有道"。佳士得把抢夺来的文物拿来拍卖,不能算"有道"。

背景欣赏

2009年3月4日,十一届全国人大二次会议新闻发布会在人民大会堂举行,大会副秘书长、大会发言人李肇星就会议议程及相关情况作介绍并答记者问。针对"圆明园兽首拍卖事件",李肇星说:中国有句名言,叫做"君子爱财,取之有道"。佳士得把抢夺来的文物拿来拍卖,不能算"有道"。

"君子爱财,取之有道"意思是,有才德的人喜欢正道得到财物,不要不义之财。这里的"道"是仁义之道,合法之道。"仁道"是一个国家乃至个人安身立命的基础,生活的原则,无论是富贵还是贫贱,无论是仓促之间,还是颠沛流离之时,都不能违背这个基础和原则。用孟子的话说,"富贵不能淫,贫贱不能移"。李肇星应用此语,意在强调西方列强曾为达到侵略掠夺的目的,不择手段,弱肉强食,得

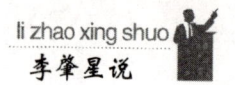

来的不义之财，无仁道可言，应当物归原主。

李肇星说，中国愿意和世界各国和平相处，友好相处，争取在共同发展中互利共赢。中国十分珍惜中法友好关系，十分珍惜中国人民和法国人民的友谊。这样一次拍卖引起那么大的反响，我个人认为，原因之一就是它发生在有着光荣文化传统的巴黎，在欧洲文艺复兴运动中发挥过很好作用的巴黎，出现过能够明辨是非、主持公道的维克多•雨果这样的大作家的法国。拍卖过去从中国——一个发展中国家盗走的、抢走的宝贵文物，人们当然感到意外和震惊。

李肇星指出，巴黎是联合国教科文组织的总部所在地。教科文组织早在1976年就通过一项公约，各个成员国已达成共识，要把从别的国家抢来的文物归还给原来的国家。

"说得轻一点，这种拍卖不能给拍卖者的祖国的好传统带来任何光荣，结果可能恰恰相反。"李肇星说，文化是没有国界的，但是任何和文化有关的人是有祖国的。不管你是哪国人、你干什么事情，应该想想不要使自己祖国的名声受到伤害。

李肇星说："即使你拍卖成功，得了好多钱，能够心安理得地享受吗？损害了别人的尊严，自己的尊严也会受损。"

 智慧感悟

经典诗文名句，是在文化历史的长河中淘洗而来，是一个民族传统智慧的结晶。当发言人在阐发观点时，适当运用一些传统诗文名句，不仅能够准确地表达自己的思想，而且诗文名句本身所沉积的真理性和共享性，将使其论断更具说服力和公信力。

三个"T"问题,没必要杞人忧天

李肇星说

中国有个成语叫"杞人忧天"。你说三个"T"问题,不值得担忧,也没有任何理由担忧。有些谎言往往看起来非常艳丽、闻起来香气喷喷,所以要千万注意。

背景欣赏

2010年3月4日,十一届全国人大三次会议在人民大会堂举行新闻发布会,大会发言人李肇星介绍会议情况并答中外记者提问。法国《观点周刊》记者问,目前在中国和西方之间似乎有误解加深的现象,主要是涉及所谓的三个"T"的问题,也就是贸易问题、台湾问题和涉藏问题。这样的误解似乎还不只是在这三个领域,这种现象对于中国、西方和整个世界的未来来说都是让人担忧的,所以我想问发言人,中国是否会利利用即将在上海举办的世博会为契机,尝试另一种沟通方法,这种沟通的目标是什么?

李肇星说:"非常感谢来自有着悠久文化传统的法兰西的记者提出这样一个重要问题,给了我一个很好的发言机会!中国也是一个有着悠久文化历史传统的国家,中国有个成语叫'杞人忧天',说的是,有一个人老是担心'天要塌下来',所以睡不好觉,也吃不好饭,顾虑重重,这就是中国的成语'杞人忧天'的来源。我个人认为,你说三个'T'问题,不值得担忧,也没有任何理由担忧。我们需要做的是,根据《联合国宪章》规定的原则,主权国家之间相互尊重,互不干涉内政。根据世贸组织的规则,在贸易方面坚持公平、合理、平等、互利。所以,这些问题是不难解决的,是不值得担忧的。"他举例说,比如说贸易问题,中国在2001年12月11日加入世界贸易组织,成为世贸组织的第143个成员国。从那以后,中国进行对外贸易,不管是出口还是进口,都严格按世贸组织规则办事,不会有什么问题值得忧虑。在这里,李肇星从中法两国都是"悠久文化传统国家"角度入题,用解释"杞人忧天"成语的来源,委婉地回答了贸易问题不必"担忧"。

关于涉藏问题,李肇星用史实介绍了自古以来,西藏在行政上就是中国不可分割的一部分,在历史传统上、文化上,也是中华文化的一部分、中华民族的一部分,还批评说:"西方个别领导人尽管工作很忙,自己国家有那么多事要做,但他们还是抽出时间去见达赖喇嘛,我们无法理解,中国人民听到这些消息也非常气愤。"李肇星还说:"我推荐你读几首诗,西藏一个著名诗人叫仓央嘉措,他是六世达赖喇嘛。在一首诗中,他深刻地指出,有些谎言往往看起来非常艳丽、闻起来香气喷喷,所以要千万注意。"显然,这首诗用来揭穿达赖的谎言,恰到好处。

关于涉台问题,李肇星首先表明了台湾问题的国家立场,强调"台湾问题涉及中国的核心利益,涉及包括海峡两岸中国人在内的全体中国人民的民族感情。应该不难理解一个简单的事实,就是大陆和台湾同属一个中国,实际上只有一个中国,台湾是中国的一部分。这么点事,这么简单,对某些西方政客来讲,怎么就这么难记呢?利用台湾问题干涉中国内政,干扰中国的和平统一大业,伤害中国人民的民族感情,是坚决不能接受的。"李肇星说西方某些政客"这么简单"的道义都不明白，肆意伤害中国人民民族感情的险恶用心是难以得逞的。

法国记者是因为"担忧"而提问，所以后面提的两个问题不言自明，也没必要回答。

 智慧感悟

中国的主权和领土完整是不容谈判的，为了表明中国态度和传播中国文化，营造良好的外部环境，运用"一个成语"、"一首诗"、"一个简单事实"，以借喻、对比、反诘等手法，不仅巧妙地回答了三"T"问题，而且彰显了外交官的智慧和风采。

兄弟两人拥抱，有人递匕首

李肇星说

我们海峡两岸的中国人情同手足、血浓于水，正在进行友好交流，扩大和加强交往的时候，个别国家向台湾地区出口先进武器，就相当于弟兄两个人正在拥抱时，有人给其中一方递上一把匕首，用心何在？

背景欣赏

2010年3月4日，十一届全国人大三次会议新闻发布会在人民大会堂举行，大会发言人李肇星介绍会议情况并答中外记者问。法国《观点周刊》记者提问，目前在中国和西方之间似乎有误解加深的现象，主要是贸易问题、台湾问题和涉藏问题。

李肇星引用了中国古老成语"杞人忧天"，说明三个"T"问题不值得担忧后，在谈到台湾问题时还指出："比如说，我们海峡两岸的中国人情同手足、血浓于水，正在进行友好交流，扩大和加强交往的时候，个别国家向台湾地区出口先进武器，就相当于弟兄两个人正在拥抱时，有人给其中一方递上一把匕首，用心何在？"这个形象的比喻，迎来一阵掌声。

　　李肇星在批评个别国家售台先进武器时,既不点名、也不道姓,只提"个别国家";既不说他们犯了啥错误,犯的错误究竟有多么严重,只是做个比喻,有衬托、有背景,在牵出"情同手足、血浓于水"的弟兄感情后,又话锋一转说,这就相当于"两人拥抱",有人"递匕首"。在倡导和谐世界的今天,在"兄弟一笑泯恩仇"的美好情景下,有人却趁火打劫卖"凶器"。这种比喻性的批评,更能切中要害、按住命门。这样的表述恰当自然,符合逻辑,稍有良知的人都会非常愤慨,诙谐的语言达到了强烈的预期效果。

　　为了揭穿某些国家险恶用心,李肇星还强调说"一个简单的事实":就是大陆和台湾同属一个中国,台湾是中国的一部分。他还借机就如何同中国打交道,如何学一学中国的历史和现代史,如何更好沟通等问题,运用画龙点睛式的一问一答,阐述了我方犀利的观点和立场。这种幽默风趣的回答方式,触及到西方政客的思想、灵魂,从而提醒个别国家:大陆和台湾同属一个中国,别再冒犯中国的红线,别再触及中国的核心利益,否则会伤害中国人民的感情,会引起包括台湾人民在内的全体中国人的极大愤慨和强烈抗议。

 智慧感悟

　　周恩来总理曾讲过:"把艺术当外交,把外交当艺术。"把敏感的话题通俗化,把严重的问题形象化,举重若轻,幽默风趣,同时不失为政治性、原则性、理智性辩证统一的优美外交辞令,从而彰显了一位中国外交家的坚定主场和处事风格。

只有精神变态和扭曲的人
才会说这样糟糕的话

李肇星说

难道他们像发展中国家的小学生一样使用过时的地图吗？只有精神变态和扭曲的人才会说出这样糟糕的话。这一暴行本身引发了这场示威。中国人民被激怒了，这是非常理性和合法的行动……

背景欣赏

北京时间1999年5月8日，以美国为首的北约部队轰炸中国驻南联盟大使馆，这是李肇星认为在自己任期内最为愤慨的事件。

次日，美国广播公司（ABC）《本周》专题节目主持人找到驻美大使李肇星，请他在10分钟内决定是否接受采访。《本周》是美国最有影响的电视专题节目之一，主持人山姆·唐纳德是全美电视界最负盛名的"铁嘴"之一，而在美国新闻界颇有名气的专栏作家乔治·威尔被聘为客座主持。如果李肇星不接受采访，他们必定会借此大做文章。李肇星毅然决定接受：明知山有虎，偏向虎山行。采访开始后，未等李肇星坐定，唐纳德劈头便问大使能否保证在北京和中国其他城市美国外交人员的安全。这位美国知名记者的傲慢态度和骨子里流露出来的那种西方特有的优越感几乎让李肇星无法克制内心的激愤，他严肃地反问唐纳德，为什么不问在南斯拉夫受伤的中国大使馆工作人员的情况，为什么不问在贝尔格莱德杀害中国人的行为？

善于咬文嚼字的威尔反复问李肇星，中国政府声明中指出北约的轰炸是肆意践踏国际关系，"肆意"是否是指中国认为北约有意轰炸中国大使馆。李肇星的回答是："中国政府声明中的每个字都是事实，这绝不是一个普通的事件，而是令人发指的暴行，在世界外交史上都很罕见。"他针锋相对地反问威尔怎么解释3枚精确制导的导弹会从不同角度击中中国大使馆。

5月11日晚间，李肇星接受了美国有线新闻电视网（CNN）著名《脱口秀》节目主持人拉里·金的采访，这是他就轰炸事件与美国媒体的第二次"交锋"。拉里·金一开场便摆出咄咄逼人的进攻态势，李肇星迎难而上："（美国军方）告诉我们说，他们用了过时的地图。这能让人相信吗？难道他们像发展中国家的小学生一样使用过时的地图吗？……他们怎么可能出现这样的错误呢？美国向来标榜自己最重视人权和个人感情……他们却为何如此冷漠？……美国人向来都自豪地标榜其法治……但为什么这一次不依法办事？"李肇星的反诘不仅措词严谨，极富逻辑性，而且又合情合理，无懈可击。

5月16日，李肇星来到美国全国广播公司（NBC）《会见新闻界》节目演播室，第三次接受美国全国性电视台采访。《会见新闻界》是美国全国广播公司的王牌专题节目，主持人拉塞特同样身经百战。面对拉塞特指责中国政府煽动老百姓怒火的开场白，李肇星非常气愤："只有精神变态和扭曲的人才会说出这样糟糕的话。这一暴行本身引发了这场示威。中国人民被激怒了，这是非常理性和合法的行动……"然后，李肇星又质问，美国这样一个擅长调查的国家，在这样一场暴行发生

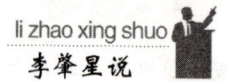

的时候,他们在做什么,为什么那么沉默、冷漠?

拉塞特急不择路,只好重弹"献金"、"间谍"、"人权"等老调。无论拉塞特怎样"跑题",李肇星都能"接招",而且牢牢把握"斗争大方向",在批驳对方谬论后又迅速拉回到谴责以美国为首的北约轰炸中国驻南联盟大使馆的主题上来。

在那段艰难的日子里,李肇星每天只睡一两个小时,他频繁地奔走于华府、媒体及民间各界,从国务卿奥尔布莱特到普通的美国市民,不断地听到中国大使悲愤的抗议之声。李肇星还时刻与中国高层保持密切联系,作为熟悉美国问题的专家和处于第一线的驻美大使,提出的一系列在这一非常时期处理两国关系的有关具体问题策略,为决策层调整和重构未来的对美关系框架,对解决在那一时期相关的其他问题,如世贸谈判等起到了不可或缺的作用。

危机之中,李肇星为了祖国和民族的尊严在美国"舌战群儒",不仅受到华侨华人的赞赏和钦佩,而且展现出的睿智与强硬态度使美国人很受震动。在美国人眼里,李肇星有两种形象,一种是热情儒雅、具有文人倾向的外交官;另一种则是据理力争、不肯退让半步的"中国勇猛斗士"。

 智慧感悟

祖国的日益强大是中华儿女扬眉吐气的坚强后盾。在国家危难关头,驻外大使就是战斗在异国他乡的先锋战士,其冲锋陷阵、勇往直前、威武不屈的举动,彰显着伟大民族不畏强权的精神;其外交智慧、政治见解、大智大勇的展示,表明了东方大国维护世界和平的严正立场和英雄气概。

他们失去生命,是为了一项伟大事业

李肇星说

也有一些中国维和人员在执行维和任务中献出了自己年轻的生命。他们的牺牲是为了维护和平,他们的牺牲是光荣的;他们失去生命,是为了一项伟大事业。

背景欣赏

2007年3月6日,十届全国人大五次会议在人民大会堂举行记者招待会,外交部长李肇星就我国外交工作及国际和地区问题答中外记者问。《中国日报》记者提问,随着中国国际影响的不断提高,不少国家提出中国应当承担更多的国际责任。你对此有何评论?

李肇星说:我今天带来了自己学习的三本文件:《中华人民共和国宪法》、《联合国宪章》和《北京奥运会及其筹备期间外国记者在华采访规定》,我们是依法行政。我们遵循《联合国宪章》的宗旨和原则,认真履行自己的国际义务,我们奉行独立自主的和平外交政策,我们维护自身合法权益,也尊重别国的合法权益,主张通过协商解决分歧,通过合作应对共同挑战。李肇星强调:"胡锦涛主席这次访问利比里亚的时候，检阅了我们在利比里亚参与联合国维和行动的部队。我们在利比里亚的维和人员将近600人，他们的精神状态非常好，是威武之师、文明之师，是利比里亚人民的好朋友。中国维和部队除了完成联合国有关决议赋予他们的职责，还帮助当地老百姓做好事，参加一些扶贫工程，深受欢迎。也有一些中国维和人员在执行维和任务中献出了自己年轻的生命。他们的牺牲是为了维护和平，他们的牺牲是光荣的；他们失去生命，是为了一项伟大事业。"我国奉行防御性的国防政策，对外开展友好军事交流，增强军事透明度，积极参与反恐、防扩散、联合国维和行动等国际安全领域的合作。中国国际战略学会会长熊光楷说，截至2007年3月，中国先后16次参与联合国的维和行动，派出的维和人员超过5000人，是安理会五个常任理事国中最多的。

 智慧感悟

　　为有牺牲多壮志，敢教日月换新天。人的生命只有一次，人的生命最宝贵。为了维护世界和平，中国人民的优秀儿女冲锋在世界维和第一线，赴汤蹈火，在所不惜，充分展现了中国人民以实际行动维护世界和平的国际主义精神，为人类社会和平发展事业作出了重要贡献。

我们不需要对我们没什么用的武器

李肇星说

中国作为发展中国家,我们不需要,实际上也没有钱买那么多价格很高,对我们没什么用的武器。

背景欣赏

2005年3月6日,十届全国人大三次会议记者招待会在人民大会堂举行,外交部长李肇星答中外记者问。德国记者的提问由中国要制定《反分裂国家法》牵扯到了欧盟是否解除对华军售禁令的问题。

李肇星说:"我看你是过虑了,中国作为发展中国家,我们不需要,实际上也没有钱买那么多价格很高,对我们没什么用的武器。"话音未落,会场上即响起一阵热烈的掌声。

在当今的新形势下,个别国家视"崛起的大国就是崛起的威胁",对我国的武器问题极为关注,李肇星的话绵里藏针,刚柔相济,风趣地阐述了我国国防政策的防御性本质,以及表明坚持独立自主,决不参与任何形式的地区军备竞赛,更不会争夺所谓的"地区霸权",将自身陷入"安全

李肇星说

困境"泥潭的态度。一位美联社记者在提问关于朝核危机的问题时，使用了"假如"一词，李肇星微笑着说："你刚才提到了一个假设的问题。你说假如如何如何，我一般不回答假设性的问题。"众人显然一时没有反应过来外长会如此应对，随即便笑声四起，原本紧张的气氛也轻松起来。一位日本记者请李肇星评价朝鲜拥有核武器问题时，他很谦虚地回答："在朝鲜是否拥有核武器问题上，我想这方面你可能知道得比我更多，换句话说我不比你知道得更多。"一句巧妙的回答，引起了在场记者会意的笑声。

在这次招待会上，中外记者大都提出了地区和国际敏感问题，如朝核问题、钓鱼岛问题、中美关系问题……提问十分尖锐，但李肇星从容不迫，多次用平民式语言机智幽默地和几百名中外记者轻松对话，展现了娴熟自如的外交风采。

 智慧感悟

拉家常式的简朴语言，说明了中国旨在建立以增强政治互信为基础，以促进共同安全为目标，遵循平等协商、尊重彼此核心利益和重大安全关切、不针对第三国、不威胁和损害他国安全稳定等原则，积极推动平等、互利、有效的互信机制，用实际行动维持全球战略平衡。

做好外交官要讲道理,用事实说话

李肇星说

我不是什么"铁嘴钢牙"外交家,如果一个人的牙齿全是金属的,那多难看呀。做好外交官,要说服别人,第一要心中装着自己的祖国;第二要讲道理,用事实说话,明辨是非,主持公道。不知道、拿不准的事就别说。除此而外,没什么技巧。

  背景欣赏

2006年2月25日,中国作家协会第六届全国委员会第六次全体大会在上海召开,作为中国作协会员李肇星出席会议并应邀作了国际形势报告。一名记者提问:"以前李部长回答记者常常语出惊人,我拼命记录,结果回去发现没有实际新闻,但大家都很佩服你回答的技巧,以后就琢磨学你智答媒体的方法,有人称你是'铁嘴钢牙外交家',请问你是怎样掌握辩论技巧的?"

李肇星说:"我不是什么'铁嘴钢牙'外交家,如果一个人的牙齿全是金属的,那多难看呀。做好外交官,要说服别人,第一要心中装着自己的祖国;第二要讲道理,用事实说话,明辨是非,主持公道。不知道、拿不准的事就别说。除此而外,没什么技巧。"

难道真的就这么简单?李肇星说,其实真的不复杂,讲通俗易懂的道理大都容易接受,用事实说话最简洁明了,坚持公平正义就能赢得支持。他曾多次强调,发言人就是要"说自己知道的,可以说和应该说的"。1985年,李肇星作为外交部发言人第一次上台就碰到了西藏问题。一些西方记者就"西藏独立"问题不断向李肇星发难。李肇星对各种谬论进行了批驳,并表示:西藏自13世纪以来就是中国的领土,西藏事务是中国的内政,绝不允许任何外国势力干涉。所谓"独立"问题一概是不能讨论的。有一个记者问:"我也有自己的家乡,如果你说我的家乡不属于我们国家的一部分,我才不在乎呢!你为什么对西藏问题这样在乎?"李肇星答:"你对自己的国家怎么看是你的问题,但是中国的主权是神圣的,外国人无权干涉!"李肇星第一次上台就镇定自若,立场鲜明,回答问题条理清楚,辩驳有力。事后,这位西方记者对李肇星十分尊敬,还同他交上了朋友。

中美外交颇受世界关注。从1998年到2001年任驻美大使,李肇星在外交中讲道理、顾大局、识大体,有理、有节、有度,受到各界好评和尊敬,也赢得了美国人民的友谊。因而,有人便称他为"铁嘴"、"中国勇猛斗士"。

智慧感悟

  大道至简。一门学问、一门技术，弄得很深奥是因为没有看透实质，搞得很复杂是因为没有抓住关键。辩论是一门艺术，既博大精深，又大道至简。越是讲真话、说实情，越能打动人、说服人。这种言辞的简洁，是把握了事物发展规律的"随心所欲"，是经历过无数次锻造的"百炼钢化为绕指柔"，是经受住暴风骤雨后的"七彩阳光"。

"平等相待"不应该只是一句外交辞令

李肇星说

"平等相待"不应该只是一句外交辞令,应该表现在行动上。我们正在努力这样做。这次胡锦涛主席在出访非洲八国之前专门提醒我们,一定要多体谅非洲朋友现在遇到的一些困难,多同他们友好协商,进行实在的互利合作,特别是在解决民生问题上的合作,能有利于他们增强自主发展能力的合作。

背景欣赏

2007年3月6日,十届全国人大五次会议在北京人民大会堂举行记者招待会,外交部长李肇星就国际形势和中国外交政策答中外记者问。新加坡《联合早报》记者提问,中国这个大国在与小国交往的时候,可能出现所谓"新殖民主义"。请问中国如何开展大国对小国的外交?是否有新思维?

第二章 三个"T"问题，没必要杞人忧天

李肇星说，《联合国宪章》的第一句话规定了两条基本原则，我相信和在座每位都有关系。第一条就是男女平等。第二条就是大小国家一律平等。中国知道自己是一个最大的发展中国家，也知道自己存在着许多困难和挑战。我们必须加强同其他发展中国家的团结合作，这是我们外交工作的重要内容。

李肇星强调："'平等相待'不应该是一句外交辞令，应该表现在行动上。我们正在努力这样做。这次胡锦涛主席在出访非洲八国之前专门提醒我们，一定要多体谅非洲朋友现在遇到的一些困难，多同他们友好协商，进行实在的互利合作，特别是在解决民生问题上的合作，能有利于他们增强自主发展能力的合作。温家宝总理在访问非洲的时候也告诫我们随同人员说，我们要发扬中华民族善良的传统，谁帮助我们做了好事千万不能忘记，我们帮助别人干了好事可以忘记。"

胡锦涛主席、温家宝总理在非洲受到那么热情的欢迎，最真心的就是来自广大非洲群众的欢迎。那么多群众在炎热的太阳下，他们汗珠里闪烁的阳光，他们自然朴素的微笑，和中国人民的友情一起相互交融，令人倍感亲切、珍贵。其中有十几位得过疟疾，因为得到大夫治疗，使用了有中国知识产权的青蒿素后康复的非洲朋友，他们都说："我的生命是中国朋友给的。"

"外交辞令"是指适合于外交场合，客气、得体而无实际内容的语言。"外交辞令"被称为"没有错误的废话"，国与国交往中，一些场合非用不可。一般来说，外交交涉中诸多外交语言的使用有相对固定的习惯表述，外交语言体现了一国对外政策，是捍卫一国利益的工具，含蓄、婉转、"话说半句"或使用多种"托辞"，常是外交语言的特点。李肇星说"'平等相待'不应该只是一句外交辞令"，意在阐述中国作为负责任的大国，不是在玩弄"外交辞令"游戏，而是以实际行动，践行自己的诺言，维护世界和平与发展。

 智慧感悟

人无信不立，家无信不睦，业无信不兴，国无信不宁。诚实守信是中华民族的传统美德。中国信守承诺，克服重重困难，加强同其他发展中国家的团结合作，体现了东方文明古国的良好信誉和对世界和平发展的热切期待。

千万不要情绪化地看待"强"

李肇星说

很多人希望我们的外交可以"强势"一点，但真正的"强"应该摆事实，讲道理，讲平等，千万不要情绪化地看待"强"。每个从事外交活动的人，都像是祖国的一张名片。

背景欣赏

2009年12月，李肇星在上海的杭州路，有感而发，写下了《和平、科学、和谐发展——我看上海世博会》一文。

李肇星写道，上海世博会是一个认识自己和别人的机会。这个机会对中国来说，来得太迟了。比如英国首次举办是1851年，法国是1855年……我们尤其要珍惜，要"以世博会为鉴"。世博会像一本书，多翻翻读读，可以较方便地学习到别人的一些长处和对自己有用的经验教训。比如，以邻国日本和印度为例，可以更深入地认识我们综合国力的迅速上升以及存

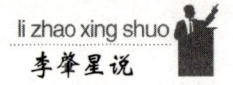

在的差距。

现在一些外国人说中国"崛起"了,说上海举办世界博览会就是一个例证,它可以真实地记录中国在世界上的地位。李肇星说:"很多人希望我们的外交可以'强势'一点,但真正的'强'应该摆事实,讲道理,讲平等,千万不要情绪化地看待'强'。每个从事外交活动的人,都像是祖国的一张名片。根据以人为本的理念,我们看世界,要更多地看外国,尤其看发展中国家、非洲国家的优点。上海世博会有1亿美元专项基金资助发展中国家参展,惠及120个发展中国家,这就是'强';2008年我们抗震救灾,提高了党、政府和军队的威信,这是真正的'强';通过申办和举办上海世博会,'中国看世界,世界看中国',扩大了中国的影响力,广泛结交平等互利共赢的合作伙伴,这也是真'强'。但我们看问题,要全面客观,着眼大局,才能明辨曲直。"

中国实力的明显增长是靠那么多老百姓和知识分子在中央领导下团结奋斗,用一点一滴的辛勤汗水和心血逐步积累起来的,是一个和平发展的过程,属于水到渠成,对别国有利无害,有帮助无威胁。

要了解中国在世界上究竟处于什么地位,就要了解国际形势,也要了解别人怎么看我们,然后自己客观把握。2009年10月,日本经济出现了13个月以来首次正增长。鸠山由纪夫首相当时在会见我友联会代表团时冷静地表示:"增幅太小,也还不稳定。"他的话带有忧患意识。实事求是地看,日本国土面积是中国的1/26,人口不到我们的1/10。据国际货币基金组织研究机构2008年的估算,日本的GDP是4.8万亿美元,中国则是4.6万亿美元,按人均算差距仍较明显。

值得一提的是,当前我们提倡科学发展观,美国总统奥巴马提出发展绿色经济,日本设计制造的汽车,平均每升油能比美国等国设计的汽车多跑20%的路;日本炼一吨钢用的淡水大约是美国的1/3;另外,日本2008

年被世界卫生组织评为世界最长寿的国家，人均期望寿命超过82.5岁，妇女达到85岁多。目前，我们人均期望寿命是73岁，尽管同1949年相比增加了一倍还多，但同日本相比还有差距。

世博会提倡科技、绿色。在国内，上海在节能减排方面是相当先进的。上海市要求2010年的新建大楼设计必须比2005年节能50%、减排50%，否则不能开工；又如，上海世博会强调绿色和低碳。据悉，园区内的交通做到了碳零排放，太阳能光伏发电总装机容量达4.5兆瓦，是亚洲最大的光伏建筑并网发电系统，长达一公里的世博轴是低碳、环保走廊。各国在低碳环保方面也给出了很优秀的答卷，上海和全国可以从中直接获益。

印度的发展也值得认真观察。它是发展中国家，但潜力很大。印度比较重视教育，在发展中国家中较早做到了大学生毛入学率17%。印度提倡科学技术发明创造，有较完整的知识产权保护法律体系。其在上海世博会展示了250多项新科技、新能源探索的成果。

在李肇星看来，国家实力和每个公民的日常劳动和发明创造分不开，谦虚谨慎的本质就是实事求是、与时俱进、以人为本的有机结合，上海世博会应当成为我国飞速发展的新起点。

 智慧感悟

知己知彼，百战不殆。外交工作也要坚持实事求是，一切从实际出发，全面正确地评判国力，坚定地走和平、科学、和谐发展之路，要求我们每一个中国公民脚踏实地做好分内工作，勇于开拓，用行动实现强国之梦。

困难常常会滋生新的智慧和力量

李肇星说

亚洲还面临种种困难,但困难往往是最好的老师,困难常常会滋生新的智慧和力量。

背景欣赏

2009年12月7日,李肇星在香港举行的亚洲博鳌青年论坛上说:"亚洲还面临种种困难,但困难往往是最好的老师,困难常常会滋生新的智慧和力量。1999年,为祝贺中美就世贸组织事宜达成协议,我曾以时任中国首席谈判代表龙永图的母校——贵州省'贵阳八中'为题,写过几句话:'地无三尺平,便更勤奋耕耘;天无三日晴,便更向往翱翔蓝天。酷爱家乡,才更忠诚祖国;忠诚祖国,才更拥有世界空间。'"

1998年庆祝香港回归一周年时,李肇星在美国工作,偶尔看到一幅法国名画,题目叫《D'ou venons nous, Qui sommes nous, Ou allons nous》(《我们从哪里来,我们是谁,我们向哪里去》)。他思念起香港,在日记里写道:"浅水湾无声有意,大屿山雷鸣多情。香港亲人生机勃发,世界注目灿烂紫荆。"

令李肇星兴奋的是,这次出席香港"2009博鳌青年论坛",有机会学习香港青年精英会"互助兼互励、共学且共进"的精神,虽然自己不再年轻,但英国人莎士比亚说,老年是人的第二个婴儿期。让他在进化成婴儿之前,至少再做一天青年吧。能同青年朋友们一起交流,感到很幸福。

在国际金融危机面前,亚洲各国与世界各国同舟共济。尽管复苏之路曲折,还需要一段时间,但亚洲人民勤劳、资源丰富、市场广阔、潜力巨大,我们有理由对亚洲经济的稳定增长保持信心。亚洲国家普遍以发展经济为首要任务,致力于维护本地区和平、发展、合作的大局,金融危机爆发以来互动更加频繁,对话与合作成为主导趋势。气候变化、恐怖主义猖獗等问题突出了亚洲各国合作的必要性、紧迫性和诸多积极因素。

亚洲的变化激发了我们对实现亚洲政治上和谐相处、经济上平等互利、安全上互相协作、文化上彼此借鉴的探索与思考。中国与邻为善、以邻为伴,秉持国家不分大小、贫富一律平等的原则,尊重各国人民选择发展道路的自主权,坚持互利共赢的开放战略,以自己的发展促进亚洲发展,与亚洲国家政治互信显著增强,对话交流机制日趋成熟。中国和东南亚国家在反对殖民主义、争取民族解放和国家独立的斗争中,相互合作,相互支持。

中国同东南亚国家通过防务政策磋商、军队互访等,努力增进安全互信。通过平等协商,中国同缅甸、老挝和越南顺利解决了陆地边界问题。中国同东盟十国签署了《南海各方行为宣言》,这是关于南海问题的首份政治文件。中国参与东盟地区论坛建设,倡议和承办了近20个合作项目。在应对印度洋海啸、非典型性肺炎、禽流感、甲型H1N1流感以及恐怖主义、跨国犯罪等安全威胁方面,中国和东南亚国家真诚相助。中国与东南亚国家在文化方面努力培育共同的亚洲认同感。东南亚国家均已成为中国公民出国旅游目的地国。中国在东南亚地区建立了35所孔子学院、学堂。

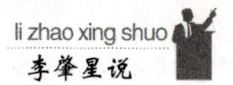
李肇星说

印度尼西亚、越南、泰国等东南亚国家位居各国来华留学人数榜单的前列。在中国的大学里,学习东南亚国家语言的中国学生也越来越多。

历史和现实都告诉我们,中国的发展离不开亚洲,亚洲的发展需要中国。中国是亚洲和谐发展的推动者和参与者,将永远做亚洲各国的好邻居、好伙伴、好兄弟、好姐妹。只有坚持和平发展、互利共赢,亚洲才能保持活力,为全人类作出贡献。这需要亚洲政治家的远见卓识和各国政府的政策支持,需要社会各界包括青年的智慧和行动。

李肇星祝愿青年朋友们爱香港、爱祖国、爱亚洲、爱世界,与各国青年一道,自强不息、达己乐群,加强交流与合作,为我们亚洲人民和青年共同的未来奉献青春。

智慧感悟

人类社会的发展就是一个矛盾运动过程,进入全球化时代,深层次矛盾更加突出,优势与劣势并存,挑战与机遇同在,秉持以人为本、科学发展的理念,就能克服重重困难,激发创新活力,最大限度地调动积极性,超越文化、经济以及价值观、社会制度的差异,在合作上迈出重要步伐。

第三章
以人为本，外交为民

　　外交工作就是为中国人民服务，为世界人民服务，使这个世界能够变得更加合理一点，更加民主一点，给老百姓带来的好处更多一点。

　　要给人民群众做好事、实事，就要靠朋友，我们的领导人在这方面带了好头，在国际上为祖国交了很多朋友。

外交工作没有继承就没有创新

李肇星说

我认为外交最重要的是它的连续性，或者说继承性。外交工作没有继承性，也就没有创新。

背景欣赏

2004年3月6日，十届全国人大二次会议在人民大会堂举行记者招待会，外交部长李肇星回答中外记者提问时表示："我认为外交最重要的是它的连续性，或者说继承性。外交工作没有继承性，也就没有创新。"

李肇星在一年的时间里，阅读了自己所能找到的8位外交部前任领导的著作、论述和讲话，从他们那里学到许多东西。"其中重要的一点，就是他们都坚持实事求是、与时俱进，就是说要根据形势的发展做出自己新的判断，采取新的有效的措施，来为自己国家的人民谋福利。"这是中国外交政策一贯的传统，即中国根据每件事情本身的是非曲直来确定自己的立场。

李肇星的8位前任是：周恩来、陈毅、姬鹏飞、乔冠华、黄华、吴学谦、钱其琛、唐家璇。李肇星说："其实古代希腊的哲学家也说过，人不能两次踏入同一条河流。""就是说事情是变化的，我们既要继承过去好的东西，又要随着时代的变化，随着形势的演变有所创新。"

李肇星说，我们时代的特点是和平与发展，但是天下又不太平，经常有一些人们意想不到的所谓非传统安全威胁出现，我们必须学会去迎接这些挑战，有所创新。在回答记者有关"个人风格"的问题时，李肇星说："在对外工作当中，我想努力去做的就是忘掉个人，在对外活动中、对外工作中，祖国的利益是我的唯一。"

 智慧感悟

事业如河，有上游才有下游。任何事业都要经历很多代人前赴后继的努力，才能达到理想的境地。成绩永远建立在前者的根基之上，继任者应不忘前人掘井、种树的恩情和贡献，始终带着感恩的心态善待前任，又与时俱进，开拓进取。这既是一种胸怀、一种责任，更是一种历史赋予的神圣使命。

外交部公众开放日已经开始制度化

李肇星说

欢迎你们来外交部参观,我也想和大家谈谈心。外交部公众开放日已经开始制度化,报名方式也逐渐灵活多样。

背景欣赏

2005年4月15日,位于北京朝阳门外的外交部迎来第三个公众开放日,这也是外交部公众开放日制度化后第一次敞开大门,迎接160多位来自全国20个省市自治区的普通民众参观。此前,在外交部所做的问卷调查中,几乎所有参观者都点名"约见"外交部长李肇星。刚刚结束会见的李肇星,大步流星地来到公众中间说:"欢迎你们来外交部参观,我也想和大家谈谈心。外交部公众开放日已经开始制度化,报名方式也正在逐渐灵活多样。"李肇星身上洋溢着山东人的豪爽与侠骨柔肠,面对近乎追星似的拥挤,他始终面带微笑,频频挥手致意,还与年长的参观者单独合影留念。

这次公众开放日与以往几次不同的是，首次采用网上公开报名的方式产生参观者。参观之前外交部专门向参观民众发放了调查问卷，并根据反馈回来的133份问卷，对此次参观做了周密安排。比如公众强烈要求"会见"外交部长，虽然李部长公务繁忙，但还是抽时间与参观者交流了15分钟。所谓制度化，就是这种公众开放日活动今后计划每年举办两次。

一位外交部同志说，让普通民众得以近距离地走进外交部，实地了解中国外交，是颇为重视"外交为民"的李肇星出任部长以来的一大"发明"。2003年9月6日，外交部首次尝试对公众开放，35位关心中国外交事业的中国公民，成为新中国成立以来外交部的首批参观者，外交部由此成为中国各大部委中首个对公众开放的单位。2004年6月20日，外交部第二次对普通公众敞开大门，108位来自全国各地的代表得以与中国外交部"亲密接触"，外交部长李肇星、部长助理沈国放等与公众共话外交。此后，外交部还为学生举办过参观专场。

 智慧感悟

增加外交工作的透明度是中国对自己发展道路的自信。实现公众外交开放日制度化，有利于加强公众外交工作，使国家行为在与公众的交流互动中，加强联络、倾听呼声、集思广益，树立外交亲和形象，提高公众对我国外交政策的认识和理解，为外交工作顺利开展，争取更广泛的群众基础和民意支持。

把"以人为本、外交为民"的理念变为领事保护行动

李肇星说

我们要努力把"以人为本、外交为民"的理念变为领事保护行动。具体措施包括:发挥外交部牵头的境外中国公民和机构安全保护工作部际联席会议的作用,加强预防性领事保护工作。

背景欣赏

2007年3月6日,十届全国人大五次会议在人民大会堂举行中外记者招待会,李肇星答中外记者问。新华社记者问:随着改革开放,涉及海外中国公民的意外情况也在增加,中国的领事部门以及相关机构将采取哪些措施,保护中国公民和海外侨胞在国外的合法权益以及人身、财产安全?

李肇星说:"我们要努力把'以人为本、外交为民'的理念变为领事保护行动。具体措施包括:发挥外交部牵头的境外中国公民和机构安全保

护工作部际联席会议的作用,加强预防性领事保护工作。普及领事知识,颁布《中国境外领事保护和服务指南》,及时提供领事服务。"遇到重大案件立即交涉,必要时派出外交部长特别代表或政府工作组赴事发地,协助有关国家依法保护中国公民的合法权益。我们还要根据全国人大代表和全国政协委员提出的建议,研究分阶段推动领事保护立法,规范领事保护工作。

据报道,中国外交部2007年共有4800多位干部和员工,驻外机构240多个,所有这些人员都直接或间接地负有为境外中国公民和法人合法权益提供领事保护的责任。随着中国的发展进步,这方面的服务对象急剧增加。据统计,2007年在国外大约有67.5万中国劳务人员,其中从事远洋渔业4万多,外派船员15万多。在海外设立的机构有10000多家。出国旅游、探亲、留学也在增加。中国公民的旅游目的地国已达30多个。

2004年7月21日,在纽约旅游的中国商人赵燕无故遭受美国国土安全部官员的殴打。5天后,中国外长李肇星与美国国务卿鲍威尔通话,要求美方对此事展开"认真、彻底"的调查。中国外长就一个公民的遭遇直接向对方外交最高长官提出直接交涉,正是"外交为民"理念的实践。

2006年,中国出境人数达到3452万人次。据世界旅游理事会估计,到2020年,中国公民出境人数将超过一亿人次。2006年外交部和我们的驻外使领馆共处理领事保护案件3万多起。

早在2005年"两会"期间,李肇星就言简意赅地阐述了中国外交工作"服务"与"交友"的两大性质,以及"以人为本"的外交新思路,如今正在不断深化、落实之中。

智慧感悟

随着全球化趋势迅速发展,规范领事保护工作是中国国际综合实力的充分彰显,是实现外交为民的具体举措。说明外交工作更加关注国外中国公民和海外侨胞的合法权益,体现出服务性、保护性以及制度化、规范化的特点。

我们所面临的挑战也越来越多

🎧 李肇星说

改革开放30年来,中国发生了巨大的变化,取得了巨大的进步。我们在看到经济全球化带来的好处,科学技术迅速发展带来的好处的同时,要看到我们所面临的挑战也越来越多。

背景欣赏

2010年6月3日,李肇星在国家发改委等举办的"中外名家讲习堂"发表题为"胸怀国家发展,纵横外交人生"的演讲时说:"改革开放30年来,中国发生了巨大的变化,取得了巨大的进步。我们在看到经济全球化带来的好处,科学技术迅速发展带来的好处的同时,要看到我们所面临的挑战也越来越多。"

2008年,在世界上200多个国家和地区中,国民生产总值位居第一的是美国,12.8万亿美元;第二是日本,4.8万亿美元;第三是中国,4.6万亿美元。2010年中国有可能超过日本，成为第二名。李肇星在此次演讲中说，我们有理由为改革开放的成就感到自豪，对未来充满信心。但同时千万要注意，中国是13亿人，美国只有3亿人，日本是1.2亿人，以人均来算，中国排在世界的164位，还是比较穷的国家。

2008年，中国成功地举办了第二十九届奥林匹克运动会。有一个非洲国家的老部长见到李肇星时称赞说：你们中国第一次办奥运会就能办得这么好，取得了这么多的金牌。李肇星说："谢谢您的赞扬，但是应该得到赞扬的是肯尼亚。我们中国13亿人，才拿了50多枚金牌，人均算你们的成绩比我们好得多。像古巴，1000万人拿了2枚金牌。"

在李肇星看来，不管干什么事情，既要看到自己的成绩，又要看到自己的不足，要看到差距，找准自己的位置。据2009年世界卫生组织发布的一个信息："世界上最长寿的大国是日本，日本平均寿命超过80岁，日本妇女平均年龄超过85岁，比日本男人平均多5岁。"中国2009年平均寿命刚刚达到73岁。为什么作为大国我们平均要比日本人少活八九岁呢？我们还需要努力。在发达国家中，像芬兰，前几年就已经实现了普及大学教育，发达国家里60%~70%的高中生可以上大学。而中国，2009年应届毕业生上大学的只有24.2%。所以，我们应当时刻保持清醒的头脑，看到我们面临的困难，积极面对挑战，迎接挑战。

 智慧感悟

我们要以战略思维、世界眼光、辩证观点评估自己，明确自己的定位，看到自己的差距，克服盲目乐观情绪，实事求是、客观公正地找准位置，选准努力方向，才能在全球化进程中抓住难得的机遇，发展壮大自我，紧跟时代步伐。

"过头话"有形象价值,但负面作用更大

李肇星说

文章千古事,得失寸心知。文字的得失既牵动人心,又涉及民利。中央领导要求不要说"过头话",可耳听八方,"过头话"还是有。"过头话"有形象价值,但因无法变为有益的行动,负面作用更大。

背景欣赏

2008年8月10日,李肇星在一篇《时下文字二三事》文章中写道:"文章千古事,得失寸心知。文字的得失既牵动人心,又涉及民利。中央领导要求不要说'过头话',可耳听八方,'过头话'还是有。'过头话'有形象价值,但因无法变为有益的行动,负面作用更大。"

李肇星根据自己的亲身体会,举例了几个典型的"过头话":

关于"亲自"

说某首长参加一个会、接触一下群众或者听一次部下的汇报,往往要

加上"亲自"、"亲临"等。这至少是多余，甚至有挑拨领导与群众关系的嫌疑。从未听说某农民"亲自"听乡长报告，某士兵"亲临"射击场或某同学"亲自"去食堂吃饭。

关于"圆满"

把一场活动、一场会谈、一场研讨会描述为"圆满成功"作为客气话还凑合，要当真至少是不够全面。一件事如真的"圆满"了，怕不少人会面临失业的危机。如学习、研究、内政外交问题的处理等，无不是循序渐进的过程。

关于"进一步"

"进一步"多见于一些官员的自我考评，主要是怕领导和群众低估自己的政绩。所以，说加强学习时得说"进一步"加强，谈提高认识时得说"进一步"的提高。"加强"、"深化"、"扩大"等动词本来就有"进一步"的涵义，加上"进一步"，不仅降低了这些动词的功能，还暴露出作者的个人考虑可能太多。

关于"切实"

一些人办实事下工夫不足，在文字上花力气过多，甚至不惜损害祖国语言文字的简洁。如，写"落实"不行，还要写成"切实落实"、"认真落实"、"切实认真落实好"，吓得读者不得不怀疑原来说的"落实"是否诚恳。

关于"绝对"

有人喜欢说我"绝对"这、我"绝对"那。在一般性问题上，"绝对"用多了，有违辩证法精神；除了在核心问题上，你说的不一定"绝对"属实。有的文章里，"丝毫"出现的频率偏高，如"丝毫没有"、"毫无"等，与真相相比，往往显得过分。一过分，此"丝毫"就不"丝毫"了。

关于"始终"

有人说某两国家关系"始终友好"。这样写至少应查一下有关两国关

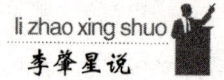

系始于哪年、终于何时，否则恐怕难说清楚。没有调研做基础，对两国之间某段时间曾中断关系不管不顾，就套用"始终友好"的说法就好像把球射入自己的球门。

 智慧感悟

清水出芙蓉，天然去雕饰。矫揉造作、名不符实的过度"包装"，不仅违反辩证唯物主义观点，而且经不起实践的检验。要知道画蛇添足不可取，纯真、简朴是一种高格调的美。

这种标语以后再也不需要

🎧 李肇星说

"千万锁好车,严打偷盗自行车的犯罪行为!"这样的标语在国际上太那个了。我衷心希望,以这次奥运为契机,这种标语以后再也不需要!

 背景欣赏

2008年1月中旬的一天,李肇星对几位丢过自行车的工作人员说:"我现在理解了,我们家门口连续几个月都张扬地悬挂着斗大字的'温馨提示':'千万锁好车,严打偷盗自行车的犯罪行为!'这样的标语在国际上太那个了。我衷心希望,以这次奥运为契机,这种标语以后再也不需要!"

李肇星在301医院做手术期间,发现有些外国媒体关于我国环境保护等方面的消极报道,联想到有的外国人特别关注2008年8月举办奥运会时北京的空气质量,李肇星建议:可提倡首都市民多骑自行车——一种无污染又健身的交通工具。他曾介绍说,儿子禾禾也喜欢骑车,不到30岁

骑坏了6辆。2007年夏天一个周末临时加班，李肇星向老同事马毓真借了一辆自行车，骑了25分钟，放在外交部围墙外一个空闲地方把车锁好，没想到这辆车居然不翼而飞了。

有人说，谁没在北京丢过自行车，谁就不是北京人。此话说得可能有点绝对，但在北京丢自行车似乎是一件司空见惯的事，可谁似乎都没太在意，只靠停留在道德层面的口号、标语来提醒，对于阻止丢车成风的蔓延并无多少作用。

在李肇星看来，各种事，大到可持续发展，小到自行车安全，都得靠各地、各部门、各行业齐心协力，齐抓共管；都需要每个人从我做起，从一点一滴做起，以强烈的责任感，共同携手解决问题。

 智慧感悟

一条小标语传递着社会文化信息，反映着社会文明程度。小标语透视着日常生活大问题。在全球化进程中，要求每一个人从我做起，每个部门从本职抓起，不埋怨、不推诿、不等待，努力形成社会合力，积极推进和谐社会科学、协调、可持续发展。

人民代表大会没有省长只有代表

李肇星说

所有人大代表的权力是一样的、平等的。这里没有省长、副省长,只有代表。人大代表千万不要忘了,你不是官,你在代表位置上要依法服务人民。

背景欣赏

2010年3月12日,李肇星在接受《中国青年报》记者专访时表示:"所有人大代表的权力是一样的、平等的。这里没有省长、副省长,只有代表。不能说你是省长,就有特殊权力。我们要知道,人大代表的权力是集体行使的,一人一票制,你不能因为是省部级干部就拥有一票半,或者两票的权力吧?吴邦国委员长说过,他也只是拥有一票,这是中国的基本民主制度。"在会场内外,总能看到一些"省部级"人大代表成了媒体追堵的热点,有的官员代表对一些尖锐问题,避而不谈,有的还与记者产生了摩擦。李肇星认为:"那些正当着省长,或者曾经当过省长的高官代表,应该以代表的身份,在发言的时候,把自己的经验奉献出来,与各位代表充分讨论,因为他们的经验是基层代表所没有的。"

有的人大代表抱怨,人大代表的权力连乡长都不如,不能处理什么问题,没有秘书,没有助手。李肇星对此看法不以为然:"人大代表千万不要忘了,你不是官,你在代表位置上要依法服务人民。有些代表可能没有完全理解他的权力。宪法法律规定,人大代表依法集体行使权力。一人一票,你说权力大不大?在每届第一次全会上,人大代表要投票选举国家最高领导人、政府最高领导人,你说权力大不大?要依法监督一府两院工作,这个权力还不大吗?但人大代表要集体提交议案,行使集体权力。"

当人大代表需要具备什么样的素质?李肇星回答:"有坚定的以人为本的理念,有执政为民的决心。"他认为,政府工作应该在阳光下进行,记者在人民代表大会上扮演的角色也很重要,记者舆论监督的作用是不可替代的,在监督政府工作透明方面,在对人大监督方面,记者都有很大的作用。

 智慧感悟

我国人大代表选举的普遍性和平等性原则决定了人民代表大会制度的公平公正。人大代表平等性原则是法律面前人人平等的宪法原则在选举中的体现。这个原则确保一人一票以及每人一票的价值相等。选举权和被选举权广泛地、无差别地赋予选举人,体现着我国国家权力广泛的群众基础,体现着社会主义公平和正义。作为人大代表,要正确理解人大代表的权利与义务,摆正位置,依法为人民服务。

从赏国画看国际形势

李肇星说

其实看画的四种境界,也可以借鉴到观察国际形势中。既要登高望远,有战略眼光;又要脚踏实地,细致入微。

背景欣赏

2006年9月5日,北京大学国际关系学院开学典礼拉开帷幕,在"李肇星讲堂"上,李肇星开口称不愿别人叫"外长",乐意被呼"北大同学"。他讲的第一课是:"丈山尺树,寸马分人——国际形势观察。"

李肇星说,前两天我读到唐代诗人王维的《山水论》,讲的是如何画国画。今天我就现学现卖。"画中山,以丈来量;画中树,以尺来测;画中马,以寸来量;画中人,要根据他的表情、动作、神韵来细细揣摩。观察画中人,也最难。其实看画的四种境界,也可以借鉴到观察国际形势中。既要登高望远,有战略眼光。又要脚踏实地,细致入微。"

李肇星说

王维在《山水论》中提出"凡画山水,意在笔先",这一艺术论点一直被历代画家所推崇,被尊为山水画最高艺术境界。王维把"道法自然"的道家思想融入了自我笔墨之中,对山水气象、形态、色彩都有细致入微的观察和研究。王维说:"丈山尺树,寸马分人。远人无目,远树无枝。远山无石,隐隐如眉;远水无波,高与云齐。""石看三面,路看两头,树看顶头,水看风脚。""观者先看气象,后辨清浊。定宾主之朝揖,列群峰之威仪,多则乱,少则慢,不多不少,要分远近。""树不可繁,要见山之秀丽;山不可乱,须显山之精神。能如此者,可谓名手之画山水也。"王维早年有过积极的政治抱负,后因政局变化无常而逐渐消沉,吃斋念佛,"身在朝廷,心存山野",过着半官半隐的生活,后来悉心研究山水艺术,有着深厚的造诣。苏轼曾说:"味摩诘之诗,诗中有画;观摩诘之画,画中有诗。"(注:王维,字摩诘)

李肇星引用王维《山水论》的精辟论述,观察了解国际形势,表现出全局观念、战略思维以及关注细节、脚踏实地的科学外交理念。

 ## 智慧感悟

在引用典故格言时,不是每一句都那么恰当,需要根据语言表达主题,对别人的话或诗词、格言、谚语、典故等进行加工改造,从而翻出新意,灵活运用,我们把这种运用称为点化。点化法是一种常用的修辞,它对名言名句的改造一般采用触类旁通的方法,不改变原句的文字逻辑,进行类推式的仿拟,以达到叙事论理引人入胜、妙趣横生、通俗易懂的效果。

我们在华盛顿有朋友

 李肇星说

我们要为祖国交朋友,不管是欢愉的时刻,还是艰难的时刻。我知道我们在华盛顿有朋友。

背景欣赏

2001年1月29日,是中华人民共和国驻美国特命全权大使李肇星任期的最后一天。华盛顿市长威廉斯颁布文告,宣布这一天为华盛顿市的"李肇星日",借以表彰他任美国大使3年来的卓越贡献。当天晚上,中国大使馆举行了一个小型招待会,参加者包括布什政府的劳工部长赵小兰、交通部长峰田、参议员史蒂文森、前美国国家安全事务助理伯杰在内的一大批华府政界人士。招待会上,李肇星夫妇还同市长的母亲共同唱了一首深情的歌《肯塔基,我的故乡》。

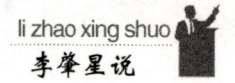

李肇星说

李肇星说:"我们要为祖国交朋友,不管是欢愉的时刻,还是艰难的时刻。我知道我们在华盛顿有朋友。"

李肇星有一句名言,叫作"为祖国交朋友"。他说,我们在努力实践外交为民的理念,外交工作要给人民群众做好事、实事,就要靠朋友,我们的领导在这方面带了好头,在国际上为祖国交了很多朋友。一些中国城市和国外许多城市还建立了友好城市关系。作为中国驻美第六任特命全权大使,3年间李肇星交了许多美国各界朋友,倾心致力于让美国乃至世界认识中国的和平外交政策,为促进两国的国家关系、经贸合作、民间交流竭尽全力。只要有贸易、企业、经济界的论坛、会议,李肇星都尽量出席。在任期间李肇星不辱使命,中美关系尽管波澜起伏,却又总能峰回路转:两国元首互访频繁,中美签署关于中国加入世贸组织的"双赢"协议。在离任之际,李肇星还专程前往硅谷参观访问,广泛接触企业界人士,显示出对硅谷高科技行业的浓厚兴趣。李肇星自谦地说在自己任内"较好地完成了任务"。

李肇星之所以能够"朋友满天下",除了职务所需之外,就是那永不改变的诚意拳拳的待人之道。

 智慧感悟

千里难寻是朋友,朋友多了路好走,千金难买是朋友,朋友多了春长留,愿我们到处都有好朋友。外交工作就是要为国家交朋友、为人民交朋友,交全世界的朋友。我们坚持以人为本、和平发展的理念,搁置争议,求同存异,最大限度地团结一切可以团结的力量,就能壮大我们的"软实力"。让我们的朋友满天下。

通过外交手段给老百姓
带来的好处多一点

李肇星说

我们的任务就是根据全世界人民共同利益的要求,想办法通过对话等外交手段,缩小分歧、解决分歧、扩大共同点,使这个世界变得更加合理一点,更加民主一点,给老百姓带来的好处更多一点。

背景欣赏

2007年3月6日,十届全国人大五次会议在北京人民大会堂举行记者招待会,外交部长李肇星就我国外交工作及国际和地区问题答中外记者问。半岛电视台记者问:"国际事务好像一个国家说了算,否则我们怎么解释一个超级大国,我指的是美国,侵略一个主权国家,我指的是伊拉克。国际社会和联合国到目前为止没有任何反应。这样的'国际社会'和'联合国'同我们希望的国际社会和联合国是不一致的。你能否解释一下中国对中东地区几个问题,比如伊核问题、伊拉克问题和巴以冲突的问题持何立场?

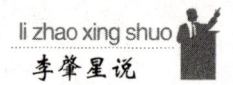

中国如何发挥自己的作用,解决这些问题,平衡正常的、双重标准的国际秩序?"

李肇星说:"还没有人说过当今世界秩序,包括政治秩序和经济秩序是完善无缺的。你的问题描绘了一幅非常复杂、充满各种挑战、存在不同标准的世界。我们的任务就是根据全世界人民共同利益的要求,想办法通过对话等外交手段,缩小分歧、解决分歧、扩大共同点,使这个世界变得更加合理一点,更加民主一点,给老百姓带来的好处更多一点。"

李肇星谈到,我们要冷静地对待这样一个现实,任何事情都至少包括两个方面,取得成绩的时候,取得进步的时候,务必看到我们还会遇到困难,还会面临挑战。现在一方面政治多极化,经济全球化在发展;另一方面,很多地方不太稳定,在发生动乱,甚至局部战争。经济秩序也不合理,南北差距还在拉大。文化秩序也不合理,有的国家文化那么优秀,但是其他国家不大知道。这些问题都需要我们共同努力去逐步解决。

大家都在说重视人权,可国际上的人权状况却太不合理。人权嘛,首先要活着。可是,全世界人均预期寿命,在不同国家是多么不一样!2006年统计,人均预期寿命最高的国家82岁,最低的国家36岁。要做到人人生而平等,至少得活得差不多才好!但现在看来,要实现这一点都是一个遥远的目标。

一千多年以前,中国有一个诗人叫杜甫,他说过这样的话:"朱门酒肉臭,路有冻死骨。"就世界许多国家的情况来看,这种情况到今天在一定的程度上还存在着。所以我们要争取建设一个和平稳定、共同发展的世界。我们的目标是明确的,我们的决心是坚定的,但是还需要做长期努力。

谈到人和自然和谐相处,首先就要保护环境。美国一个著名女环保学者,早在30多年前就指出,实际上贫困是最严重的一个环境污染源。李肇星记住了这位女学者的话,是因为他当年有幸在非洲肯尼亚,作为中国代表团一员，和其他国家代表团一起，参与了创建人类历史上第一个国际环境保护机构——联合国环境规划署的工作。在那个光荣的时刻，这位女学者的话给了他很大的启发和教育。她写的一本书中文名是《只有一个地球》。中国是一个能源生产大国，也是能源消费大国。中国同阿拉伯国家和中东国家在能源领域进行着互利合作。例如2006年，中国从中东进口原油量约占这个地区原油贸易量的6%。

关于中东问题，李肇星认为，巴以双方应从本地区人民的根本利益和维护地区稳定、和平的大局出发，在联合国有关决议和"土地换和平"原则基础上，通过和平谈判解决争端，早日实现"两个国家、两个民族"的和平共处。关于伊拉克问题，据6日早上的外电消息：到5日为止，在伊拉克死去的美国士兵已达3100多名。人们期待联合国发挥重要作用。中国愿意继续为伊拉克重建提供力所能及的帮助。中国力争为世界和平、人民幸福、老百姓过上安居乐业的生活做出积极努力。

 智慧感悟

人民只有人民才是推动历史发展的动力。外交工作就是要维护全世界人民的共同利益，加强交流与合作，最大限度减少分歧，增进共识，为世界人民带来实实在在的好处。中国为维护本地区的和平与稳定，做出了积极努力。

人民有足够的智慧和能力
解决历史遗留问题

李肇星说

谈到中印边界问题，那是中国人民和印度人民都不当家作主的时候，西方殖民主义者强加给我们的。相信取得了民族解放的中国人民和印度人民，有足够的智慧和能力解决这个历史遗留问题。

背景欣赏

2007年3月6日，十届全国人大五次会议在人民大会堂举行记者招待会，外交部长李肇星答中外记者问。《印度教徒报》记者提问：中印两国关系中仍然有一个悬而未决但对我们都非常重要的问题，即边界问题，中国认为在解决中印边界问题上最大障碍是什么？多久才能排除？最近也有人在讨论中国和印度联手建立一个大型经济集团或者是经济区的问题，你认为在两国之间找到解决边界问题的方法之前，这个想法能实现吗？

　　李肇星说:"谈到中印边界问题,那是中国人和印度人都不当家作主的时候,西方殖民主义者强加给我们的。相信取得了民族解放的中国人民和印度人民,有足够的智慧和能力解决这个历史遗留问题。"

　　李肇星从两国"人民都不当家作主"时,殖民主义"强加给我们"而遗留下来的问题,讲到"相信取得民族解放"的两国人民,有足够能力"解决"这些问题,言辞诚恳,抓住关键点,让人们看到希望,同时又采取"模糊"语言艺术,不正面回答问题,留有余地,同时引用一些具体事例,发人深省。

　　2008年,李肇星年曾到过唐僧修行的地方——印度的那烂陀。在那里度过了一天一夜,觉得自己仿佛又变成了一个热爱学习的"小学生"。因为"那烂"在印地语里就是莲花,象征着"知识","陀"相当于"给",是给人知识的地方。中国河南出生的和尚玄奘历尽千辛万苦,靠个人努

李肇星说

力到了那烂陀，在那里当留学生，又当"外教"，一共呆了12年，成为中印两国传统友谊伟大的代表和桥梁。早在20世纪50年代，两国首任总理——周恩来和尼赫鲁，决定在那里修建玄奘纪念堂。这次李肇星去就是参加这个纪念堂的修缮典礼。2007年还是"中国—印度旅游友好年"，两国的旅游者也会更多地到彼此国家去旅游，两国留学生的交流也会大幅度地增加，中印人民的睦邻友好将世代相传。

李肇星由虚到实，从宏观到细节，论述了中国与印度山水相连，应当把西方殖民主义强加给两国人民的灾难和痛苦与两国人民的友谊区别开来，坚持以邻为友、以邻为伴，就有足够的智慧和能力客观地、历史地、公正地解决边界问题。

智慧感悟

"模糊语言"是常用的外交艺术之一。模糊语言基本的特征是运用模棱两可、不说绝话，但虚中有实、实中有虚、你中有我、我中有你，辩证统一，方可称为艺术。李肇星正是把这种"模糊语言"艺术发挥到了极致。

中国已经有自己成熟的外交政策

🎧 **李肇星说**

美国需要一项外交政策吗？应该由美国人来回答。但受基辛格这一既通俗奥妙的问题的刺激，我更清晰地认识到，我的祖国肯定需要，而且已经成熟了自己的外交政策。

 背景欣赏

2001年10月20日深夜，李肇星应邀为基辛格博士即将付梓出版的《美国需要外交政策吗？》中译本写篇序言。开卷初读书稿，觉得与他一年多前对作者的印象大致相同，此时，李肇星回想起作者为他举行的一次晚宴时写的诗：

多上了几道，比别人。酒饮不尽，重在缘分。多叙了几言，比别人。话说不尽，重在心近。多攀了几峰，比别人。山登不尽，贵在平稳。多看了几着，比别人。棋下不尽，贵在深沉。

李肇星在序言中写道："美国需要一项外交政策吗？应该由美国人来

回答。但受基辛格这一既通俗奥妙的问题的刺激，我更清晰地认识到，我的祖国肯定需要，而且已经成熟了自己的外交政策。"

中华人民共和国成立前夕，从当时的国情和国际形势出发，中国人民政治协商会议第一届全体会议1949年9月通过的起临时宪法作用的《共同纲领》规定，中国外交政策的原则是保障本国独立、自由和领土主权的完整，拥护国际的持久和平和各国人民间的友好合作，反对侵略，反对战争。

1954年，新中国第一部宪法根据这一原则规定："在国际事务中，中国坚定不移的方针是为世界和平和人类进步的崇高目标而努力。"

20世纪80年代中期，邓小平同志指出，和平和发展问题成为全球的两个重大问题，中国政府对内以经济建设为中心，对外奉行独立自主的和平外交政策。1982年我国宪法肯定这一政策，规定中国"坚持互相尊重主权和领土完整、互不侵犯、互不干涉内政、平等互利、和平共处的五项原则，发展同各国的外交关系和经济、文化的交流"，"加强同世界各国人民的团结"，"维护世界和平和促进人类进步事业"。

李肇星认为："各国的事应该由各国自己去办，国际上的事由各国商量着办。一国国内要讲民主，国际上也应讲民主。国家不分大小、贫富应一律平等，尊重彼此的主权和人权。冷战心态、傲慢偏见、双重标准、干涉内政乃至军事威胁，都有百害而无一利。"

譬如：——应树立以互信、互利、平等、协作为核心的新安全观，营造长期稳定、安全可靠的国际和平环境，逐步建立公正合理的国际秩序。

——世界文明的多样性是人类社会的基本特征，也是人类进步的动力。各种文明和社会制度应该而且可以长期共存。各国应和平共处，平等相待，在竞争比较中取长补短，在求同存异中共同发展。

——各国应加强经济技术的交流与合作，逐步改变不公正、不合理的国际经济秩序，使经济全球化达到共赢的目的。

中国走的是和平发展道路,中国外交的出发点和归宿点都是维护和平。所有尊重事实的人都会看到,中国是世界上一支维护和平的坚定力量。早在20世纪60年代中国就单方面承诺,不首先使用核武器,不对无核国家和无核武器区使用或威胁使用核武器。中国是当今世界上邻国最多的国家,将继续致力于与周边各国做好邻居、好伙伴。我们愿意同世界各国人民携起手来,推动建设一个美好、安全的新世纪、新世界。

 智慧感悟

世界文化多样性是催生社会发展进步的动力源。我们要顺应时代发展潮流,积极维护祖国和人民利益,多一分自省,多一分包容,多一分恬静,用无私的大爱营造世界和谐发展的美好环境氛围。

第四章
学生的身份永远不会改变

> 在祖国面前我是永远长不大的孩子,在知识面前我是永远也学不完的学生。部长身份是暂时的,只有作为学生的身份才是永远不会改变的。
>
> 要特别强调创造性的学习、创造性的劳动,因为世界上各国的竞争最主要的就是创新能力的竞争。

小平同志，我的"博导"

🎧 李肇星说

　　小平同志，我的"博导"。对我来说，小平同志是领袖，更是学校。遗憾的是，我永远也学不完，永远也没法从这所"大学"毕业。好在这个学校会永远开放，我永远也不会给自己放假。小平同志为我们留下的精神和教材是永恒的……

背景欣赏

　　2008年8月，李肇星在自己所著的《从未名到未名》一书中写道："小平同志，我的'博导'。对我来说，小平同志是领袖，更是学校。遗憾的是，我永远也学不完，永远也没法从这所'大学'毕业。好在这个学校会永远开放，我永远也不会给自己放假。小平同志为我们留下的精神和教材是永恒的……"

　　1984年春，李肇星有机会当面聆听小平同志与外宾的谈话，亲眼学习

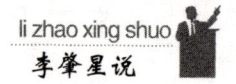

他如何为祖国交朋友，维护人民利益。

一天，李肇星第一次参加小平同志会见外宾活动，担任会见的发言人，即负责写会见的吹风稿，然后向中外记者宣读；说得更明白点，相当于为国家通讯社起草新闻稿的初稿。初次近距离见到小平同志，他对自己的事业那么充满信心，对外国朋友那么真诚、坦率，谈吐深入浅出，有针对性，分寸感强，对自己身边的同志又那么随和，给李肇星留下了深刻的印象。

记得小平比外宾提早大约十分钟来到人民大会堂福建厅。时任外交部副部长的韩叙赶忙说："小平同志，我想把会见的有关情况向您汇报一下。"小平同志说："不用了。"韩叙又拿出一份简报，小平同志说："不看了。"接着就坐在那里沉思。李肇星一时无事，便望着他，觉得他安详的神态与前额上的皱纹、微闭的双目，正慢慢凝为一体，融入时空，成为一座"经典雕塑"。待外宾进入会见厅，这尊"雕塑"立即活跃起来，话匣子一经打开，便滔滔不绝，引人入胜。时间一长，内容却似乎比一般人用两三倍的时间谈得还要丰富。

李肇星抓紧时间写吹风稿，想在会见结束前成文，以便呈送小平同志审阅，担心小平离开后就不方便再找了。在外宾离开后，李肇星不顾初次与小平同志说话的拘谨，径直走到他面前："小平同志，我已写完了消息草稿，想给您念念，请您审批。"小平同志似乎很容易便听懂了李肇星的山东普通话，微微笑了笑，摆摆手，用浓重的四川话说道："消息稿？不用念了。责任制嘛，这是你的事。"接着又说："感谢外交部的同志，你们工作得不错。不拉手了，再见。"没想到，第一次担任小平同志的发言人就这样平平常常地结束了。

消息稿经在场的外交部领导审阅后，当天晚上在中央电视台《新闻联播》中播出，第二天被各大媒体刊载。李肇星心里却一直忐忑不安，直到一整天没有听到什么反应才放了心。小平同志没有直接阅改草稿，但他对自己部下那么放手、信任，李肇星从中得到了鼓舞，工作更努力了。在他看来，慢慢学，认真点儿，发言人也不是不能当的。

一次，一位非洲国家的领导人访华。小平同志说，你们说向我们学习，这是友好的话。但中国的做法只能供你们参考，你们要走自己的路。我看，你们现在不能搞社会主义。客人听后先是一阵惊讶，之后又感慨万千，说一位领导中国走社会主义道路的领袖，建议他们不要搞社会主义，而是走自己的发展道路。这是一种怎样的情怀？！这才是真正的朋友！在场的中国同志在感到意外之后，也深受教育。的确，友谊贵在坦诚。

小平同志一生"三落三起"，在某种意义上就是由于坚持实事求是。为了人民，为了事业，小平同志做到了。我们工作人员喜欢小平讲话，外宾也喜欢。原因之一是，他说话直奔主题，简单明了。李肇星记得小平的任何一次会见，包括翻译时间在内，都不超过一个小时，但谈话内容浩繁，让人觉得像在大学里一口气上了好几节课，需要好多时间复习、消化。

1982年9月的一天，小平同志会见英国首相撒切尔夫人，主要谈香港问题。落座之后，稍加寒暄，他的第四句话就是："坦率地讲，主权问题不是一个可以讨论的问题……如果中国在1997年，也就是中华人民共和国成立四十八年后还不把香港收回，任何一个中国领导人和政府都不能向中国人民交代，甚至也不能向世界人民交代。"话语深沉而又纯朴，后来势态就是按小平同志所说发展的。

外交艺术似乎高深莫测，但小平同志的对外谈话总是通俗易懂，让一般老百姓也能对国家的外交方略心领神会。对于中国的不结盟政策，1984年5月29日，小平同志在会见巴西总统菲格雷时这样说："中国的对外政策是独立自主的，是真正的不结盟。中国不打美国牌，也不打苏联牌，中国也不允许别人打中国牌。"

1986年春季的一天，小平同志会见新西兰总理朗伊。在谈到世界和平这样重大的问题时，同样生动形象。他说："谁搞和平，我们就拥护；谁搞战争和霸权，我们就反对。我们同美苏两个超级大国都改善关系，但他们哪件事做得不对，我们就批评，就不投赞成票。我们不能坐到别人的车子上去。我们这种独立自主的外交政策，最有利于世界和平。"

李肇星最后一次见到小平同志，是他在人民大会堂宴请美国前总统尼克松。小平同志那天兴致特别高，谈话既像以往那样深刻，又非常幽默。他说："外交部最近搞了礼宾改革，规定吃饭不上茅台。我已经退下来了，今天咱们都是老百姓，可以不听他们的喽。"

小平同志说，中国人民取得现在的成绩不容易。我们还要艰苦奋斗好几代人，才能使中国富强起来。我出生的那个年代老家很穷，家里条件不好，后来到法国勤工俭学，干活累，吃得又不好，所以个子长得小。尼克松频频点头微笑。小平又爽朗地说："个子小也没关系，小个子有小个子的好处，天塌下来有大个子顶着。"

小平同志和尼克松告别后，转过身来亲切地对钱其琛部长和外交部的年轻同志说：我接待外宾的任务完成了吧？今后我就不再见外宾了，好不好？

其琛同志说："外交部这些同志都很高兴在您身边工作，但从来没跟您合过影。以后恐怕机会更少了。这次他们能不能和您一起合张影？"我们激动地等待小平同志的回答。一听他说"好嘛"，就热烈地鼓起掌来。李肇星这才意识到，大约总共参加过小平同志三四十次会见外宾的活动，这是第一次与他合影留念。照完相后，他说："外交部的同志们这么好，我感谢你们。这次拉拉手吧。"说完，同他们一一握手，一一说再见。这是李肇星第一次，也是最后一次同这位伟人握手。

在外交战线的四十年里，李肇星感到在小平同志身边工作的时光特别轻松，收获也特别大。每每回忆起他的音容笑貌，回忆起他不辞辛劳，而又创造性地开展工作,李肇星都会记起他那句永远让自己感到钦佩的话:"我是中国人民的儿子。"而每每记起这句话,李肇星的眼里常常充满泪水。

是的,小平同志是中国人民的儿子,吃了那么多苦,受了那么多罪,却一直满怀着对祖国的拳拳之心,坦荡豁达,又平易可亲。李肇星在这"座"学校里潜心苦读,也将终身受益。

 智慧感悟

一位伟人如同一座知识宝库,取之不尽,学无止境。难得的机遇常常青睐有准备的头脑,智慧的火花只有睿智的思维才能捕捉。中国领袖的外交艺术和人格魅力滋养出一个个优秀的中国外交战士。

我到邯郸，是来"学步"

李肇星说

　　我到邯郸，是来"学步"，在祖国面前我是永远长不大的孩子，而在知识面前我是永远也学不完的学生，我今天就是以孩子和学生的角色来与大家讨教、交流。

背景欣赏

　　2008年12月17日，中国移动通信集团河北有限公司组织开展以"关爱分享·自信成长"为主题的"2008大型名师巡讲活动"，邀请各界名人名师20多人参讲，已走访过河北省11个地市的55所高校，此次李肇星是应邀到河北工程大学演讲。

　　李肇星说："早就听说古赵文化博大精深，我对邯郸文化充满了敬畏，我到邯郸，是来'学步'，在祖国面前我是永远长不大的孩子，而在知识面前我是永远也学不完的学生，我今天就是以孩子和学生的角色来与大家讨教、交流。"

"邯郸学步"是一则成语故事,出自《庄子·秋水》:"且子独不闻夫寿陵余子之学行于邯郸与?未得国能,又失其故行矣,直匍匐而归耳。"故事大意是,有一个燕国人不辞辛苦来到赵国的国都邯郸,觉得邯郸人走路很美,就学邯郸人走路。可此人模仿别人不得法,把自己原来的本领忘掉了,不仅没有学会邯郸人走路,反而把自己原来走路方法也给忘了,最后只好一步一步地爬回了燕国。学步,就是学习走路。李肇星来到燕赵大地,触景生情,引用"学步"一词,显然是谦恭的借喻典故来表达虚心学习的坦率和真诚。

李肇星说:"我讲这个故事是想让大家明白,不管他的官位多高,学识多么渊博,只有对掌握的知识永不满足,才能做到与时俱进。"朴实的语言,瞬间拉近了彼此之间的距离。

李肇星幽默睿智纵论天下,话题涉及历史、政治、国际形势等多方面,时而引经据典,时而赋诗高歌,近两小时的演讲,赢得了全场30多次的掌声。

 智慧感悟

做人是一种艺术,名人大智大勇的个性不是表现为高人一等的傲气和张扬上,而是体现为低调随俗的风格,虚心求学的态度,海纳百川的胸怀。

有时越简单的东西越需要学习

李肇星说

要干好一件事,必须多学习,既要好好学习自己祖国的先进文化,又要学习其他国家优秀的民俗或者文明。有时越简单的东西越重要、越敏感、越需要坚持学习,但这一点往往被忽视。

背景欣赏

2010年5月28日,李肇星应邀到人民日报社"人民讲堂"以"感悟中国外交"为主题发表演讲。人民日报社总编辑吴恒权介绍了李肇星与《人民日报》的情缘后,李肇星说,我从1959年9月1日与《人民日报》结缘,从那天起每天必读,出差在外一时未读,回来一定补看,这是我一直坚持的习惯。他强调说:"要干好一件事,必须多学习,既要好好学习自己祖国的先进文化,又要学习其他国家优秀的民俗或者文明。有时越简单的东西越重要、越敏感、越需要坚持学习,但这一点往往被忽视。"

第四章 学生的身份永远不会改变

在外交部工作了43年的李肇星,有一天突然问自己:"现在全世界有多少个国家?"其实他自己也回答不准这个问题,就问部下。当时一位姓罗的司长说:"全世界有200多个国家和地区。"李肇星说:"我没问你地区,我问的是国家。"随后,李肇星又问一位姓刘的司长,他回答:"联合国一共有192个成员国。"李肇星说:"我只问你全世界有多少个国家。"

第二天,李肇星带着罗司长、刘司长一起查资料,最终一致意见是,全世界共有196个国家(现在多了一个南苏丹共和国)。

李肇星说,有时越是简单的问题越不容易回答,越不容易做到,所以,我们必须从最简单的东西学起、做起。实际上,国际上至今对什么叫"国家"这个简单的问题也没一个一致的答案。中国坚决支持巴勒斯坦的合法权利,并和巴勒斯坦建立了外交关系,但有一些国家不肯承认巴勒斯坦。太平洋靠近赤道的地方有两个小国,他们不参加联合国,但坚定地支持一个中国政策,承认台湾是中国的领土,这么好的国家我们能不承认吗?

在演讲时,李肇星结合中国外交实例,对《人民日报》传播中国外交观念、宣传中国各项事业建设成就所产生的世界影响给予了积极的评价。李肇星还建议青年新闻工作者深入研究国际形势和中国国情,走好脚下每一步,扎实打好基础。

智慧感悟

在浩瀚的知识海洋里,我们的未知远远大于已知。古人云:睫在眼前长不见。做好一件事,必须是从最简单、最基础、最常用的知识学起、做起,在细节性和准确度上下工夫,要始终保持好学上进、奋发有为的心态,才有助于融会贯通,把握精髓,与时俱进。

要有争分夺秒用科学知识
武装自己的紧迫感

🎧 李肇星说

在历史的长河和知识的大海面前，大人和孩子的差别其实很小。把全人类的知识当作基数，不管同成年人还是同儿童去比，那比例大约都小得微不足道。人们越是放宽眼界，便越能觉悟到这一点，从而产生要有争分夺秒用科学知识武装自己的紧迫感。

背景欣赏

1998年11月16日，在喀土穆至新德里路上，李肇星翻阅着夫人秦小梅撰写的《非洲的回忆》书稿，倍感亲切。原因是他与夫人在非洲工作近十年，结交了许多非洲朋友，对祖国的怀念和对非洲的友情同步增长，深切地体验到，世界各国人民的心是相通的，他们在经济、文化，乃至感情上的交流是促进人类社会进步的一股浪潮。这本书试图强调爱国主义和国际主义有机结合的重要性，使源远流长的中外交流更加温馨和亲切。

李肇星有感而发，在《非洲的回忆》序言中写到："从这本小书中不难发现，在历史的长河和知识的大海面前，大人和孩子的差别其实很小。

把全人类的知识当作基数,不管同成年人还是同儿童去比,那比例大约都小得微不足道。人们越是放宽眼界,便越能觉悟到这一点,从而产生要有争分夺秒用科学知识武装自己的紧迫感。学习是一条漫长的、终身的道路。哪怕只是了解一个国家、一件事物,也都得一步一步、脚踏实地地走啊走。"

鲁迅先生说过,平等待人颇不容易做到。自卑、崇洋、自责和傲慢,无非都是缺乏自信和平等精神的表现。我们祖国正处在一个面向世界、面向现代化的新纪元,新一代从小就应当学习平等对待外国,准备在世界民族之林中广交朋友,汲取别人的优点,发挥自己的长处。

李肇星坦诚地说,一位很有些名气的外国记者曾告诉他,他第一次访华用了一个多月时间,觉得学了不少东西,回国便写了一本中国游记。后来他连续在中国住了两年,却不敢轻易下笔了。这就叫学而知不足。每个国家都有久远的历史、复杂的地理、纷繁的现实……本国人想全面了解都不容易,又何况外国人呢?我们在非洲到过东西南北不少地方,又参阅过中国、肯尼亚、英国、美国和意大利等国家不少学者和作家的有关论著,但必须承认,我们对非洲依然只是一知半解。

伟大的物理学家牛顿说,他不过是一个在知识海洋之畔捡贝壳的孩子。看来这不仅是为了显示谦逊的美德,更是出于一种严肃的科学精神。

 智慧感悟

科学技术是第一生产力。一个人要想获得先进的科技知识,需要下细工夫、慢工夫、长工夫,而世界新技术革命一日千里,难得的发展机遇稍纵即逝,这要求我们每个人充分认识学习科学知识的重要性和迫切性,勇于创新、开拓进取,不断提高全民综合素质,这样才能在全球化竞争中立于不败之地,否则,就要落后挨打。

在不同的环境向不同的人群学习

 李肇星说

学海无涯,做一个不断学习的人,向身边所有人学习,在不同环境向不同的人群学。比如我经常跟记者打交道,我就向记者学习怎么提问。

背景欣赏

2010年10月24日,李肇星在四川大学江安校区与学生交流时说:"学海无涯,做一个不断学习的人,向身边所有人学习,在不同的环境向不同的人群学习。比如我经常跟记者打交道,我就会向记者学习怎么提问。我去韩国,发现他们街上的汽车很少鸣笛;去日本,发现日本人很节约,他们把我们中华传统借了去,但是用得比我们好。我想学习别人的优点是必不可少的。"

李肇星学习的态度始终如一,博学多才广为人知。早在少年时代,文学梦就在他的心中深深扎根,经常赋诗作词,走上外交岗位后,经常挤时间抒发诗人情感,人们称其为"诗人外长"。他建议同学们多读一些经典的文学作品，提高自己的情趣。建议四川学子更应该读读家乡的名人作品，多读些巴金的作品，多读些鲁迅和契诃夫的作品，感受大师的魅力。

在不同的环境向不同的人群学习，是李肇星一种诚朴的品质。他任外交部发言人、驻外大使、外交部长期间，与新闻媒体记者交往甚多，从不以势压人，而是平等相待，谦虚谨慎，相互学习，结交了许多记者朋友，流传了许多感人故事。他喜欢体育运动，就拜专业运动员、能者为师，虚心学习别人的长处和优点。

 智慧感悟

学习是一种吃苦耐劳的习惯，学习是一种永不满足的渴望，学习是一种豁达开朗的胸怀，学习是一种积极进取的品质，学习是一种奉献人民的抱负。一个人具备自主学习的基本内涵，才可能健康成长，不辱使命。

距地面 20 至 200 公里区域开发就落在你们学子身上

李肇星说

据我所知，对于距地面 20 至 200 公里这个区域内的利用，大多数国家都处于空白。目前，除了过路的卫星等，还没有任何相关科技产品和知识产权应用于该区域，这个区域开发利用的使命就落在你们年轻学子身上。

背景欣赏

2008 年 12 月 17 日，李肇星应邀请到河北工程大学演讲时说，20 世纪 70 年代，美国开始将触角探向浩瀚的太空，当美国人登月时，中国人正在经历"文化大革命"。后来，美国总统尼克松访华，送给中国政府一块月球上的石头。一块小小的石料样本，既是友好的象征，也是某种意义的"示威"。当时，周恩来总理致谢时说：我们中国首先是要把地面上的事情做好。周总理当然不是真的反对中国人搞航天，只是当时没条件罢了。

如今,随着"嫦娥"奔月、"神七"上天,我国航天事业已取得了突飞猛进的发展,中国人已正式向太空迈出了坚实的步伐。

李肇星语重心长地说:"领空一般指距地面10至20公里的范围,而太空指距地面200公里以上,人类在这些领域都进行了不懈探索,并取得卓越成绩。然而,据我所知,对于距地面20至200公里这个区域内的利用,大多数国家都还没有开始。目前,除了过路的卫星等,还没有任何相关科技产品和知识产权应用于该区域,这个区域开发利用的使命就落在你们年轻学子身上了。"

国际形势是一个与时俱进或与时俱变的概念。在冷兵器时代,各国主要在陆地上互相争夺地盘,土地成了人们的利益核心。后来,随着欧洲列强海上称雄,海洋的争夺也逐渐成为了国际形势的一个重要因素。此后,随着飞机、航天器的出现,领空、太空的概念也纳入了国际形势中。李肇星以世界眼光,战略思维,指出距地面20至200公里区域亟待开发和利用的问题,提醒年轻学子责任重大,使命光荣,应当抓住机遇,迎接挑战。

 智慧感悟

无论自然界,还是人类社会,各个领域都有许多未曾开发的处女地,年轻学子立志报效祖国就要顺应时代变革,善于发现热点、难点和焦点问题,把握历史机遇,勇于开拓进取,以国家和人民利益为重,努力攻克时艰,成就一番事业,为中华民族的复兴增添新的活力。

学生的身份永远不会改变

李肇星说

部长身份只是暂时的,只有作为一个学生的身份才永远不会改变。我永远都是北京外国语大学的一名学生!

背景欣赏

2007年9月22日,"庆祝北外建校66周年暨李肇星校友专题报告会"在北京外国语学院举行。作为北外校友,刚被母校授予顾问和国际关系学院名誉院长的前外交部长李肇星,在北外校庆报告会上说:"部长身份只是暂时的,只有作为一个学生的身份才永远不会改变。我永远都是北京外国语大学的一名学生!"

李肇星诙谐地说,其实我不大会作报告,但没办法,我是学生,学校领导让我讲,我就只好讲。"老师,我看见您了!"李肇星激动地对台下挥了挥手。一位曾经教过他的老师正在台下默默坐着,倾听自己学生的报告,没想到自己会被"点名",也没想到李肇星还能记得在他课堂上发生过的点点滴滴。反复强调自己学生身份的李肇星，以自己独特的幽默风格，在两个小时的报告会上，赢得20多次的掌声。

李肇星说："中国的数学很厉害，但为什么不是数学强国，一位外国友人说他认为是因为中国人过于浪漫，谈数字不严谨。比如问现在这个礼堂里有多少人，我们会说有两千多人吧。他说都已经数到两千了，为什么不把后面那几个数完呢？虽然没必要真去把后面的人数数完，但我觉得这个方法论是值得我们学习借鉴的。"

李肇星曾在不同场合多次动情地说："在祖国面前我是永远长不大的孩子，在知识面前我永远是毕不了业的学生。"他希望自己不是什么什么官儿，而是活到老学到老的学者。

 智慧感悟

人的一生是漫长的，又是短暂的。一个人所学的知识是有限的，而未学的知识是无限的。一个人只有淡薄职务身份，把自己定位于永恒的学习状态，符合辩证唯物主义发展观，才是一个纯洁高尚的人、与时俱进的人，是社会的精英、时代的典范。

不来川大不知道自己认的字少

李肇星说

不去联合国不知道自己的官小,不来川大不知道自己认的字少。

背景欣赏

2010年10月24日,在四川大学江安校区水上报告厅,李肇星为川大学子作题为"国际形势与我的外交生涯"的精彩演讲。李肇星说:"不去联合国不知道自己的官小。以前在联合国开会时,在走廊里,不小心撞到一个人,抬起头来一看,呀,这不是某某大总统吗?刚打完招呼往前走,又撞到一个人,哟!这不就是某某大领导,我每次都会有这样的震惊,觉得自己很渺小。"李肇星话锋一转,又严肃地说,但是不来川大也不知道自己认的字少。他随手拿起一本关于川大的历史简介:"在来校的路上,我看到川大的历史简介上有很多字我不认识,我用笔勾了下来,后来我问川大一个同学,他告诉我这几个字怎么念。所以说,不来川大不知道自己认的字少啊。"

李肇星说,来到四川大学才知道学校很大,足足比梵蒂冈一个国家大好几倍。四川大学三个校区总占地7050余亩,约为4.7平方公里,而梵蒂冈国土面积为0.44平方公里,摩纳哥的国土面积为1.95平方公里,四川大学比一个国家都大那么多,"在这么大的学校里学习,学子们理应珍惜学校的时光"。他勉励同学们"人民至上、祖国唯一、学海无涯"。李肇星在望江校区"中译杯"2010全国口译大赛(英语交替传译)全国总决赛上再次发表演讲,希望四川的大学生们可以多读一些巴金的散文。

李肇星用"来到联合国才知道自己官小,来到川大才知道自己认字少"的比拟手法,含蓄地说明了世界之博大,个人之渺小,学无止境的哲理。

 智慧感悟

天地之宽广,奥妙无穷,一个人的未知远远大于已知。低调做人,高调做事,"知之为知之,不知为不知",谦虚谨慎,戒骄戒躁,胸怀宽广,方能"海纳百川,有容乃大;壁立千仞,无欲则刚"。

万人上网对话聊天，必有我许多老师

🎧 李肇星说

我的那位古代同乡孔子曾说，三人行必有我师。万人上网对话聊天，必有我许多老师。

📷 背景欣赏

2003年12月23日，李肇星在中国外交部网站"中国外交论坛"与网友在线交流时说："我愿和大家交流，相信大家和我一样都热爱我们的祖国，也相信会从网民中学到许多东西。我的那位古代同乡孔子曾说，三人行必有我师。万人上网对话聊天，必有我许多老师。"他热情地回答了网民很多"尖锐问题"和"私人问题"。据说他是首位通过互联网公开和公众交流的部长。

有网友问："你个人经常上论坛吗？你觉得网民的观点对你的具体工作有启发吗？"李肇星坦言："我非常希望能有更多时间上网。网上有许多观点很有参考价值，如关于中国的外交'软'、'硬'之争，就能使我们经常反省和深思。"

新时期的领导干部更加重视网络。特别是当今不少网民都是年轻人,年轻人的成长有阶段性,对社会现象的认知有局限性,但他们思想活跃、有朝气,各级干部相对而言更成熟、有历练,看问题较全面,两者之间的互动,既能实现有效引导,又能汲取创新思维。

2007年1月23日,中共中央政治局进行第三十八次集体学习,胡锦涛同志强调,加强网络文化建设和管理,充分发挥互联网在我国社会主义文化建设中的重要作用,有利于提高全民族的思想道德素质和科学文化素质,有利于扩大宣传思想工作的阵地,有利于扩大社会主义精神文明的辐射力和感染力,有利于增强我国的软实力。要求我们必须以积极的态度、创新的精神,大力发展和传播健康向上的网络文化,切实把互联网建设好、利用好、管理好。

李肇星善于洞察世界风云变幻,经常关注网言网语,其开放理念、创新精神值得学习借鉴。

 智慧感悟

网络的快捷性、公开性、全球性特征早已成为采撷信息、集中智慧、征求民意的资讯高速公路,名人高官在百忙中上网对话聊天,重视网络舆情,关注"网言网语",是转变作风,贴近群众、贴近生活、贴近实际的具体行动。

"欢迎"这个动词不是很"过瘾"

李肇星说

"欢迎"这个动词觉得不是很"过瘾",不要说"欢迎我",我只是想与同学们交流,共同学习。

背景欣赏

2011年5月14日,李肇星到武汉作客名家讲坛,在华科光谷体育馆为武汉学子作题为《中国发展与国际形势展望》报告。当主持人寒暄式介绍后,李肇星对习惯性的"欢迎"词风趣地说:"'欢迎'这个动词觉得不是很'过瘾',不要说'欢迎我',我只是想与同学们交流,共同学习。"诙谐的调侃,顿时活跃了现场气氛。

李肇星永远难忘阅兵式上群众方阵的标语。他说:"看到人们走出'人民万岁'的字形时,我最感动,这个标语永远难忘!"他又谈到,1949年10月1日下午,毛泽东主席以"同志们万岁"回应游行队伍的欢呼。中外帝王的平均年龄为四十几岁,只有人民是万岁的。我们要尊重人民,人民最伟大、最重要!

　　李肇星说:"我去过世界上180多个国家,别人问我最喜欢哪一个,我的回答是——中国。只有有了祖国,心里面才会有力量!"赤子之心,祖国为母。李肇星说:"无论是在什么讲台上,我都觉得自己始终是中国的一个孩子,在祖国面前、历史面前,自己永远也长不大。"每当想到小平同志的那句话——"我是中国人民的儿子,我深深爱着自己的祖国!"李肇星就心潮澎湃。他强调,一个人不论站在什么地方,都要记住自己是祖国的儿女,祖国好起来自己才会幸福起来;敞开胸怀,与学子们平等交流学习,才能促进共同进步。

　　李肇星结合自己多年从事外交工作的经历,阐述了他对人民浓厚的感情,对祖国深沉的热爱,教导青年学子要有一颗爱国心,耐得住寂寞,把爱国和学习化作实际行动。在报告结束时,李肇星和大学生们合唱了《我和我的祖国》。

 智慧感悟

　　中国的语言文字丰富多彩。有些人把客套话、官话当作一种时髦的习惯,但反映出来的是一种作风修养和处事态度。客套话不仅浪费时间,而且往往经不起推敲。

希望自己被"提拔"后能胜任工作

李肇星说

领导和专家倡导在教育上给孩子们减轻压力,这似乎含蓄地给爸爸妈妈级以上"干部"加压。科学规律之一是:"爷爷奶奶们好好学习,孙子孙女才容易天天向上。"希望被"提拔"后能胜任工作。

背景欣赏

2010年1月12日,李肇星、秦小梅夫妇看到其挤业余时间写的《写给中国孩子的非洲书》成稿时,想起了30多年前,现供职凤凰卫视的编辑王多多,代表中国少年儿童出版社邀请李肇星、秦小梅夫妇把在非洲的见闻介绍给中国青少年,让少年朋友知道"非洲是美丽的"(肯尼亚共和国首任总统的名言),加倍珍惜中非友谊,如今可以说30多年前的愿望实现了。

这本书是李肇星和秦小梅勾画增删,认认真真地在辛苦中找乐,为自己找，为孩子们找。正如一位文艺复兴时期的哲人说过，世上几乎所有的好东西都属于某个人，好孩子肯定属于全人类……该书试图强调爱国主义和国际主义相结合和坚持平等相待是多么重要。我们祖国正处在一个面向世界、面向现代化的新纪元，新一代孩子从小就应当学习平等对待外国，在世界民族之林中广交朋友，汲取别人的优点，发挥自己的长处。

李肇星在这本书的序言中写到："这些年来，领导和专家倡导在教育上给孩子们减轻压力，这似乎也是含蓄地给爸爸妈妈级以上'干部'加压。科学规律之一是：'爷爷奶奶们好好学习，孙子孙女才容易天天向上。'"

夜深人静，李肇星、秦小梅夫妇会暂时放下笔，轻轻地掐着指头祈祷和估算：这本小书问世时，我们该被"提拔"为爷爷奶奶了……希望被"提拔"后能胜任工作，比如能多给孩子讲点故事，希望到下个"六一"、下下个"十月十三"（中国少年先锋队成立纪念日）、新年、春节、奥运会……一切都会更美，所有的孩子都会有更多欢喜……

李肇星、秦小梅夫妇在非洲工作近10年，以形象的比喻、生动的笔触、真诚的情感，道出了自己的体会：世界人民的心是相通的，利益是一致的，中华民族先进的文化需要一代代传承发展，需要长辈用实际行动引导、带动，爷爷奶奶责任重大，任重道远，不可推卸。

 智慧感悟

国运昌盛，系于教育。十年树木，百年树人。前辈对晚辈的教育培养有着不可推卸的责任和义务，前辈要以身作则，把爱国主义与国际主义相结合，把中国发展与世界发展相结合，把眼前利益与长远利益相结合，搞好传、帮、带，跑好接力赛，方能无愧于祖先，无愧于人民。

阅读立体的、活着的书

李肇星说

中国古人把"读万卷书"和"行万里路"相提并论,很有道理,符合后人倡导的有关科学理念。旅游其实是一种学习,是阅读活着的、立体的书。

背景欣赏

2010年12月9日,李肇星在北京海淀未名湖畔,为他的同事、从事外交活动四十载的万经章"导游"美国的著作写序,其中提到:中国古人把"读万卷书"和"行万里路"相提并论,很有道理,符合后人倡导的有关科学理念。旅游其实是一种学习,是阅读活着的、立体的书。万经章在联合国和美国工作多年,他图文并茂地介绍自己在世界唯一超级大国旅游的见闻,值得称道。

旅游不仅游山玩水,而且是在读史书、品史味。在李肇星看来,读"导游"美国的书,就是一种观赏活着的、立体的历史书。书中介绍山河湖海的美好,还挖掘了景观的人文特色。如点评哈佛大学校舍的简朴,认为这为哈佛的声誉增色不少。指出联合国办公大楼比国内许多建筑"简陋寒酸",但并不影响它的大气和实用。清华大学教授梁思成是联合国五大设计师之一,大厦二楼入口处标有他的名字。由此想到,美国的发展有中国人一份功劳。不应忘记当年华工为修建横贯美国中西大铁路付出的牺牲,1882年"排华法案"给华人华侨带来的苦难。1945年中共代表董必武在旧金山参与签署《联合国宪章》的旧址值得纪念,当年监禁中国科学家钱学森的"恶魔岛"值得凭吊。中国铁路先驱詹天佑、北大老校长马寅初的美国母校等均令人敬重。

从《梦幻大陆美国——2010~2011版美国旅游指南》一书,可以看出新中国外交官的善良、大度、好学,从字里行间品味美国社会背后的奥秘和内涵。李肇星坚信,有朝一日美国外交官朋友也会出几本同样精彩、客观地"导游"中国的书。

 智慧感悟

读书是一种学习,旅行游览也是一种学习,而且是一种体验历史的学习。旅游景点往往是厚重人文历史的缩影,自然山河景观的典范。亲临实地出国参观考察,可以面向世界,展望未来。

我最不担心的就是人才

李肇星说

我最不担心的就是人才。中国是一个人才辈出的地方。不知道有多少人在各方面水平都比我高。我对此充满信心。我认为一个人能成为人才，最基本的一点是要像爱自己的母亲一样热爱自己的祖国。

背景欣赏

2007年3月6日，十届全国人大五次会议在北京人民大会堂举行记者招待会，李肇星答中外记者问。台湾无线卫星电视台记者问，李部长在台湾的知名度相当高，很多台湾民众对部长也很感兴趣，如果部长退休了，你觉得怎么样的人，才可以继续推动大陆的外交政策路线？

李肇星说，我非常喜欢我们的宝岛台湾，到什么地方都会经常联想到我们美丽的台湾岛。比如有一次我去青海出差，看到一座山叫日月山，我立即想到的就是台湾岛上的日月潭，觉得它们就像兄妹俩姊妹俩。他接着强调:"你谈到我退休之后的问题,我最不担心的就是人才。中国是一个人才辈出的地方。不知道有多少人在各方面水平都比我高。我对此充满信心。我认为一个人能成为人才,最基本的一点是要像爱自己的母亲一样热爱自己的祖国。一个热爱祖国的人,才会热爱人民。热爱自己的人民,就会热爱全人类的进步事业。"

李肇星三次运用"人才"一词,即,不担心"人才",辈出"人才",又回答什么是"人才",以递进的形式,简洁、含蓄地表明不必为他退休后谁继任的问题"担忧",谦恭地表示中国人才济济,中央政府会选出称职的外交官。李肇星曾对自己的继任者杨洁篪评价说:"非常优秀,做得很好!"很早以前,杨洁篪就表示:"我的前任李肇星先生是一位杰出的外交部长,我要向他学习。"

 智慧感悟

人才资源是第一战略资源。中国特色社会主义建设是前无古人的宏伟事业,坚持以人为本,实施人才强国战略计划,创造了人才辈出的生动局面,健全了各种活力竞相迸发的科学机制,为中国的和平发展奠定了坚实的基础。

第五章
说能打动自己因而可能打动别人的话

幽默的本质是真实和善良，美好交流的本质也是真实善良，它带来的相互理解和友情，自然有利于人和社会的健康发展。简朴与坦率是一种高格调的美。

在下不为例的前提下

李肇星说

人大工作的特点是严格按照法律和法律程序办事,刚才主持人已经宣布,每位记者只提一个问题,可是你好像一共提了三个。在下不为例的前提下,我愿意回答你所有的问题……

背景欣赏

2009年3月5日,十一届全国人大二次会议在北京人民大会堂举行新闻发布会,大会发言人李肇星答中外记者问。凤凰卫视记者问:第一个问题,我们发现今年的人大会期才8天半,相比往年会期有所缩减,除了节约的考虑以外会不会有其他的考虑?比如避免出现像去年的被动?第二个问题,广东省人大给人大代表每年每人一千块的补贴,理由是为了提高代表提案的质量,您认为这种行为是否合法?会不会在全国推行?

李肇星说:"人大工作的特点是严格按照法律和法律程序办事,刚才主持人已经宣布,每位记者只提一个问题,可是你好像一共提了三个。在

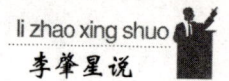

下不为例的前提下，我愿意回答你所有的问题……"

"下不为例"成语出自明朝沈德符《万历野获编·中宫外家恩泽》："至丁未年而栋卒，其母赵氏为了乞恩承袭，上命栋子明铺袭祖伯爵。时署部少宰杨时乔力谏不从，上但云后不为例而已。""后不为例"表示只此一次，以后不再以此为例。后来，人们把"后不为例"称为"下不为例"。一次新闻发布会有数百名甚至数千名记者，获得提问的记者毕竟是少数人，如果没有一定的章法，就难以照顾全局。李肇星委婉地说明，中国人大工作处处按法规办事，记者会场上提问的条数超过了限制，也不是什么大问题，但为了大局，在下不为例的前提下，可以回答已提出的所有问题。言辞亲切诚恳，又含蓄幽默。既是对该提问记者的善意告诫，又是对其他准备提问记者的再次提醒，恰到好处，形成与记者和公众的良性互动。

 智慧感悟

发言人要有渊博的学识、出口成章的口才和敏捷的思维；要善于随机应变，有理、有节、有度，有能驾驭现场的本领，营造一个宽松和谐的现场气氛，建设一个诚信合作、和谐共赢的交流平台。

要客观报道,而不是刻意制造

李肇星说

我觉得记者最主要的是客观报道新闻,服务于和谐社会建设,是要客观报道,而不是刻意制造。

背景欣赏

2011年3月12日,全国人大常委、全国人大外事委员会主任委员李肇星接受齐鲁网记者专访时说:"我觉得记者最主要的是客观报道新闻,服务于和谐社会建设,是要客观报道,而不是刻意制造。新闻是无定式的,但记者同公务员和官员一样,应该是为老百姓做好事、做实事的。"

李肇星常讲:"新闻无国界、无框框,记者有祖国、有良知。"舆论监督是保证社会公平正义的重要方面。一个没有舆论透明的社会,人民的权利、社会的发展,特别是文明建设,都不可能做得很好。记者任务重大,要学习相关法律,要遵守新闻职业道德,要有工作为民的意识和决心,要对社会的发展进步、百姓生活越来越好、越来越有尊严作出自己的贡献。

李肇星与记者有缘,与新闻界有缘。他从小学四年级读《中国少年报》,

直到摘下红领巾；从初中起读《中国青年报》，直到高中毕业。从1959年9月1日上北大的第一天起到现在，每日的《人民日报》都翻阅过，除了是忠实的读者，还向上述三报投过稿。自从家里有了电视，他天天看中央台新闻节目；如因故看不上，便委托妻子或儿子代看。在使馆做过新闻官，在外交部和全国人大做过发言人，交了许多中外记者朋友；曾获《天津日报》散文奖、新华社摄影月奖、奥运纪念奖、智利总统聂鲁达文学奖。李肇星通过自己的实践和体会，深切感悟到客观报道的重要性。只有客观真实，才能正确引导国内国际舆论导向；只有客观真实，才能提升媒体国内国际传播力；只有客观真实，才能提升记者素质和权威。

 智慧感悟

记者读世界，公众读记者。客观真实报道是媒体记者生存发展的生命线。记者必须坚持新闻职业道德，报道选择的视角、主题、导向、立场等必须以新近发生的事实为依据，以实事求是、团结和谐、和平发展的笔触，彰显公平正义，发挥好公众客观读世界的桥梁和纽带作用。

从小爱体育,我也是"世界冠军"

🎧 李肇星说

我从小爱体育,今天可以在这创造一项纪录。全世界190多个国家,他们的外交部长我认识的有三四百个,我还没有发现他们中有人能够像我这样为年轻有为的企业家和多次为国争光的体坛健将主持婚礼。我也是"世界冠军。"

背景欣赏

2008年9月27日,中国乒坛王楠与郭斌的婚礼在山东烟台海域举行,李肇星致辞:"我曾经担任过奥申委的委员,但是这次奥运会28个大项300多个小项,哪个项目我也没参加,心里不是滋味。我从小爱体育,今天可以在这创造一项纪录。全世界190多个国家,他们的外交部长我认识的有三四百个,我还没有发现他们中有人能够像我这样为年轻有为的企业家和多次为国争光的体坛健将主持婚礼。我也是'世界冠军'。"

李肇星的祝词为浪漫华美的婚礼增添了笑声和掌声。

　　李肇星读初中时参加过"劳卫制"活动，拥有乒乓球少年组运动员的称号。在多特蒙德与西德企业界朋友进行比赛，他轻松地战胜了对手，总算是第一次参加了国际体育比赛。

　　李肇星从小酷爱体育，从事外交工作后更加关心支持体育事业，还经常参加体育锻炼活动，这次又是为我国体坛健儿主持婚礼，自称"世界冠军"，风趣幽默，语意双关，内涵丰富，耐人寻味。

 智慧感悟

　　体育不仅是一种竞技，而且是一种文化，一种精神。热爱体育事业，关注体育发展，参与体育活动，加强体育锻炼，是增强凝聚力、提高全民素质的基本途径。

说能打动自己因而可能打动别人的话

李肇星说

我体会,美好交流的要素至少包括相互说该说的真话,说朴素易懂又有点新意、新信息的话,说首先能打动自己因而可能打动别人的话。简朴与坦率是一种高格调的美……

背景欣赏

2009年12月12日,李肇星在从北京经上海去义乌的途中,为赵启正、吴建民合著的《交流,使人生更美好》一书写推荐词:"交流使人生更美好——关键是交流内容和格调的美好。我体会,美好交流的要素至少包括相互说该说的真话,说朴素易懂又有点新意、新信息的话,说首先能打动自己因而可能打动别人的话。简朴与坦率是一种高格调的美……启正和建民学友这本对话录,对我很有启发。"

美国一位幽默大师对马克·吐温说过,每和朋友愉快交流一次,可多

李肇星说

活两三个月。幽默的本质是真实和善良,美好交流的本质也是真实和善良,它带来的相互理解和友情,自然有利于人和社会的健康发展。

赵启正被媒体誉为"中国第一新闻官"、"中国政府的公关总领",现任全国政协外事委员会主任。吴建民曾在中国常驻联合国代表团工作、任外交学院院长、发言人。李肇星建议大家不妨读读这本不多见的对话录——与它交流一下,兴许有助于节约医药费、诉讼费……延长可为和平发展劳动的时间。

说出来的话,首先能打动自己,然后才可能打动别人。这是李肇星真挚情感的流露,是以人为本的表达艺术,是执政为民理念的体现。

 智慧感悟

口才源于生活,是学识的标志,是内心的表白。日常交谈中,言者情真意切,思维敏捷,富有哲理,善于推理,能给人凝练、深远的美,令人回味。将心比心,口吐真言,用智慧的言辞把无形变为有形,把概括变为具体,把枯燥变为生动,方能增强语言交流的感染力和亲和力。

现在许多中国人对我不满意

李肇星说

俄国人口大概两亿左右,而我身后13亿人看着,我的压力比你大多啦。现在,许多中国人对我不满意,他们认为黑瞎子岛应该全部拿回来才对!

背景欣赏

2008年12月17日,李肇星应邀到河北工程大学演讲时,披露了一些外交事件的花絮。

2005年,中俄签署"互换《关于中俄国界东段的补充协定》的批准书的证书"时,俄罗斯外长向时任中国外长的李肇星征求《协定》的具体签署日期。李肇星说:"当时,我突然想起小时候最喜欢过'六一'儿童节,对少先队的美好时光印象深刻。所以,我表示最好6月1日签字,这也符合双方领导的共识。后因对方送文件的飞机晚点等原因,工作失误,致使6月2日才签。但毕竟我们将祖国的部分领土重新划入了国家版图!"

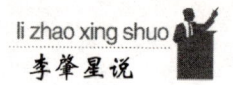
李肇星说

该协定的签署,最终解决了中俄长达4300多公里的边界划分问题,其中收回的领土中,就包括备受国民关注的黑瞎子岛。李肇星说:"1929年至2005年,中国的黑瞎子岛一直被前苏联和后来的俄罗斯占领,我国政府经过几代人的不懈努力,才拿回了部分领土。其难度可想而知!"李肇星激动地流下了热泪。

我国收回了黑瞎子岛的一大半。对此,俄罗斯外长对李肇星"诉苦":"我们占领了黑瞎子岛已经70多年了,现在竟让你们拿回了大部分的黑瞎子岛。朋友,我受的压力太大了,俄国有些民众对我非常不满,认为我卖国。"李肇星意味深长地说:"俄国人口大概两亿左右,而我身后13亿人看着,我的压力比你大多啦。现在,许多中国人对我不满意,他们认为黑瞎子岛应该全部回归中国才对!"

中俄成功地解决了边界问题,使两国边界成为一条和平、友好、合作的纽带,这离不开当时的全球大背景,也反映出我国国际地位和影响力的提升。李肇星用"许多中国人对我不满意"这番自嘲,使俄外长的不平衡得到宣泄,也体现了我方摆事实、讲道理的态度。

智慧感悟

在谈判中,急中生智和具幽默感的自嘲,往往具有神奇的作用,是机智语言的重要内容之一。表面上嘲弄自己,实质上醉翁之意不在酒,潜台词另有韵味在其中。

中国的外交政策就是川大校长的名字

李肇星说

中国的外交政策就是川大校长的名字！那就是"和平"。和平和发展始终是时代的主题。

背景欣赏

2010年10月24日，李肇星在四川大学江安校区作题为"国防形势与我的外交生涯"的演讲时说："很多人问我，中国的外交奉行什么政策，同学们知道吗？中国的外交政策就是川大校长的名字！"此话一出，川大学子个个瞪大双眼，急切地想知道答案是什么。李肇星不乏幽默地说："那就是和平，你们的校长不就叫和平（谢和平）吗？"

李肇星说："和平和发展始终是时代的主题：一切都是为了和平，只有在和平的情况下才能一心一意谋发展。"他强调大学生应该永远把祖国放在首位："我们只有一个祖国，在国际上，只有祖国是我们最强有力的靠山。"

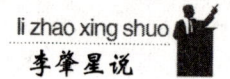

李肇星说

李肇星曾访问一个人口很少的国家叫佛得角,这个国家的领导人对中国代表团很热情,特别客气,不断地说,我们的国家很小。李肇星为他们的谦虚态度所感动,他诚恳地告诉佛得角朋友:"山不在高,有仙则名,国不在大,热爱和平、主持公道就好。"

李肇星出任中国常驻联合国代表时,美国的常驻联合国代表是奥尔布赖特(后来任美国国务卿)。两人曾有过一次精彩的交锋:

奥尔布赖特问李肇星:"中国的外交政策到底是什么?您能不能用最短语言给我作一个描述?"

李肇星反诘道:"您能不能用最短的文字来给我描绘一下美国的外交政策?"

奥尔布赖特回答:"美国的外交政策就是两个词:领导和伙伴(leadership and partnership)。"

李肇星听罢,当即对应道:"中国的外交政策概括起来也是两个词:和平和独立自主(peace and independence)。"

 智慧感悟

到什么山上唱什么歌,见什么人说什么话。与对方交谈要思维敏捷,谈吐自然,因人而异,尽量贴近对方的实际,使用对方认同的语言,交流对方熟悉和关心的话题,视当下具体情况灵活应变,以便在迎合对方心理的同时,赢得对方好感,营造良好的语境氛围,不仅表现你的气质修养,而且让对方在与你的谈话中得到尊重与信任。

您能说身体侵略了您的胳膊吗

🎧 李肇星说

你们德克萨斯州1848年才加入美国,而早在13世纪中叶,西藏已纳入中国版图。您瞧,您的胳膊本来就是您身体的一部分,您能说您的身体侵略了您的胳膊吗?

背景欣赏

1998年,李肇星出任中国驻美大使后,应邀到美国俄亥俄州一所大学演讲时,一位老太太问:"你们为什么要'侵略'西藏?"李肇星一改往日之态,没有直接反击,而是亲切地询问道:"夫人,您是哪里人?"老太太回答道:"我是德克萨斯人。"

李肇星表现出极大的耐心,细细地给她讲述中国历史:"你们德克萨斯州1848年才加入美国,而早在13世纪中叶,西藏已纳入中国版图。您瞧,您的胳膊本来就是您身体的一部分,您能说您的身体侵略了您的胳膊吗?"老太太乐了,心悦诚服。最后,她热情地拥抱住李肇星,连声说:"谢谢您,谢谢您让我明白了历史的真相。"

　　李肇星适时将一个严肃的话题岔开了解，巧妙地引入一个人体常识性的话题，绕开争论双方可能出现的锋芒和暗礁，将复杂问题简单化，以反问方式，不言而喻告诉对方答案，显得有理有据。

  智慧感悟

　　话题转移法作为论辩中使用的诡道思路之一，其关键在于一个"巧"字，要善于顺着对方的话锋或抓住对方的心理，适时、适地、适宜地将论辩主题转移，使用比喻、拟人、借代等方式，在自然轻松、诙谐幽默中阐述观点，使双方容易沟通交流，产生共鸣，达成默契。

哪壶不开提哪壶

李肇星说

中国有一句俗话，叫作"哪壶不开提哪壶"，这位记者提的问题大概有一半与这个有点相像，所以我要说的话就太多了。

背景欣赏

2009年3月4日，十一届全国人大会议在北京人民大会堂举行新闻发布会。大会发言人李肇星就会议议程和人大工作相关问题答中外记者问。中央电视台记者问，人大会议发言人的岗位是否更具有挑战性？

李肇星说："中国有一句俗话，叫作'哪壶不开提哪壶'，这位记者提的问题大概有一半与这个有点相像，所以我要说的话就太多了。""在昨天以前，有几十位中外记者要采访我，说我可能成为发言人，但是他们把'可能'二字忘记了，认为我就是发言人。实际上，我成为这次大会的发言人，是从今天上午10点50分开始生效的，所以我婉拒了所有的采访，

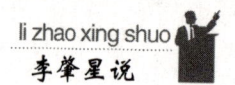

请大家谅解。初来乍到，作为外事委主任委员，我是边干边学。"

"哪壶不开提哪壶"来自民间故事，说的是茶楼给人沏茶时哪壶水不开就提哪一壶，结果茶没味道，客人不来了。后来引申这句俗语，意思是提凉壶，让人喝凉水，说话丢凉腔，说不该说的话，做不该做的事。李肇星引用此俗语，并不是指责提问的记者，而是意在表达自己作为发言人"这壶水""还不开"，却被"沏茶"，是一种幽默的自谦。全国人大发言人需要全国人大授权，发言人是全国人大的喉舌和代言人，所以不能想说什么就说什么，有些问题要有统一的口径，每个字都经过斟酌，发言人不能轻易改动。有的口径从草拟到层层审核批准，需要一定时间，有时发言人上台前半个小时才拿到有关口径，有时口径往往是发布会开始后递上台的，如果碰到字迹潦草，勾画混乱的口径稿，在台上能通顺地念下来就不易了。所以，李肇星讲，发言人既是人，也不是"人"，而是一种机制。

有些学者认为，胜任发言人这一角色，要有渊博的学识，出口成章的口才和敏捷的思维，还要掌握"新闻眼"。最重要的是发言人要有驾驭现场的本领，除客观地传达信息之外，有责任"随机应变"，营造一个宽松和谐的现场气氛。李肇星再次被任命为发言人后他表示要"边学边干"，符合他"学生才是永恒不变的身份"的理念。

 智慧感悟

发言人应具备的首要素质就是要掌握新闻传播与新闻发布知识，以及面对媒体的语言艺术、心理技巧和新闻发布策划等相关知识，这样才能胜任发言人的角色，妥善完成发言人的工作。

我没这么神,有那么多人帮助我

李肇星说

我没这么神呀,有那么多人帮助我!还有中央领导和老师们教育我。上周农业部长告诉我,中国大陆一共有家禽 143 亿只,占世界总额的 40%,所以,美国、法国元首都愿和胡主席商谈防控禽流感合作。

背景欣赏

2006 年 2 月 25 日,中国作家协会第六届全国委员会第六次全体大会在上海召开,李肇星作为中国作家协会会员出席会议并应邀作国际形势报告。一位记者问,您的脑子就像一台笔记本电脑,有出示不完的数据,您是怎样记那么多东西的,要花多少时间来学习呀?

李肇星笑着说:"我没这么神呀,有那么多人帮助我!还有中央领导和老师们教育我。上周农业部长告诉我,中国大陆一共有家禽 143 亿只,占世界总额的 40%,所以,美国、法国元首都愿和胡主席商谈防控禽流感合作。这次来上海,我们搜集到的资料是,上海每出口一台VCD,才赚一美元,可见,拥有知识产权多重要。"

李肇星认为,外交官、发言人也是人,不是神。难不倒,除了自身刻苦学习之外,同事们事先都做了精心准备。外交官、发言人每天都要大量阅读文电、报刊、收听收看各国电台电视。可能吃饭、睡觉甚至上下班的路上都在琢磨记者的提问。有一个发言人说,在刚当发言人的半年里,睡不好觉是常事。

"台上一个人,台后一大帮。"发言人除了有本部门乃至中央领导同志的关心指导,还有一帮得力助手,即新闻发布处十来个人在背后协助工作。这些人全天候跟踪形势,分析舆情动态,帮他们设想问题,准备问答口径。他们后面则有更大的后盾,就是所在部门和部领导甚至其他部委有关部门和领导,每天都为发布会提供背景情况。其实,不但外交部发言人如此,其他部委发言人也是这样。国家统计局发言人姚景源说:"我的新闻发言人工作由综合司协助,一些具体工作由新闻处帮我完成。所以,表面看起来是我一个人在那里做新闻发布工作,实际上统计局上千人都不同程度地参与了这项工作。"

李肇星经常强调:"集体比个人重要,个人的作用总是微不足道的,从某种意义上说,发言人不是'人',而是一种工作机制。"外交部发言人每天上午都要与发布处的助手们开新闻发布会准备会,然后从不同记者的角度设想记者会提什么问题,并研究如何回答。对新出现的情况,需要有关部门提供新的表态口径,发布会后迅速向有关部门发问题单,限时请其协助提供口径。特别是时间长了,熟悉了记者的组成和特点,以及关注的问题角度,掌握了一些规律,回答问题就得心应手了。

智慧感悟

常言说："台上一分钟，台下十年功。"李肇星自感在"后台""十年"磨砺中，倾注了无数前辈、领导、老师、同事们的辛勤汗水。个人的能力是有限的，团队的智慧是无穷的，处处高标准做事，低姿态做人。坚信有团结的集体、强大的祖国，才使他从事的外交工作得以有效开展，才使他本人得到普遍的尊重。这种"祖国永恒，人民至上"的理念，正是共产党人牢记重托、奋发有为的精神动力。

陈水扁贪污属内政，不归我管

李肇星说

陈水扁只不过是台湾省的一个省级干部，贪污问题属内政，我是外交部长，这不归我管，你能不能提点别的问题？

背景欣赏

2006年11月5日，李肇星出席"中非合作论坛北京峰会暨第三届部长级会议"记者招待会后，一记者问台湾领导人陈水扁涉及贪污的问题。李肇星说："陈水扁只不过是台湾省的一个省级干部，贪污问题属内政，我是外交部长，这不归我管，你能不能提点别的问题？"

李肇星谈到，祖国的统一问题总给人一种悲壮感。大陆解放60多年了，还有台湾问题没有解决，我们在与外国交往中，首先要强调一个中国问题，只有在承认"中国政府是唯一合法政府，台湾是中国领土不可分割的一部分"的前提下，方进行对话交流。2006年全国"两会"上，有台湾记者问李肇星,"如果有机会当面对陈水扁讲话,你最想和他讲什么?"李肇星立即回答:"我凭什么当面对他讲话,他是谁?"这一机智的回答,把记者们逗乐了。又有记者追问:"日本媒体传您即将引退的消息是否属实?"李肇星不改其"剽悍"作风,反问记者:"你信日本人的,还是信我的?如果信他的,不用来问我。"面对李外长犀利的词锋,提问的记者只好连忙说"我信你的,我信你的。"2008年3月4日,人大会议开幕式结束后,在工作人员的陪同下,李肇星大步流星地走出会场。早已等在外面的记者将李肇星团团围住。看着脱不了身,李肇星便幽默地对大家说:"看,谁的一百美元掉在地上了?"记者马上回答:"部长在美元也不捡了。"

　　李肇星按职权行事,泾渭分明,入情入理,不失为上策。

 智慧感悟

　　在对话交流中,对于一些问题的陈述即使准备了回答思路,也要根据问者的实际情况和现场氛围及时调整思路,讲出的话才可能中肯又得体。有的真实情况一时难以掌握或不宜公开亮相,而又非"表态"不可,发言人应当选择一些"模糊语言",讲求"模糊策略",甚至引用正确的"废话",也属必要。如果贸然下结论,逞一时之气,有可能超越权限,造成不良后果。

我不知道您身体好的时候是否住在医院

李肇星说

一个具有普遍常识的人都知道,一个身体好的人应该住在哪里,我不知道您在身体好的时候是否住在医院?

背景欣赏

1989年8月31日,在国际俱乐部一次记者招待会上,发言人李肇星首先辟谣说:"邓小平先生的身体很好。最近有些报纸报道的情况与此相反,完全是无中生有。"

20世纪80年代末,邓小平同志的健康问题越来越受到媒体公众、特别是有些西方记者的关注,过一段时间就要"旧事重提",表示一下他们对小平的"关爱"。这时,一位德国记者的提问话里有话:"邓小平是在家里还是在医院享受他的健康呢?"这个问题的角度很"刁",他的潜台词就是说邓小平的健康是否靠医疗维持?"一个具有普通常识的人都会知道,一个身体健康的人应该住在哪里。"李肇星首先用反诘击破了对方的防线,然后又是一个轻松、幽默的调侃,"我不知道您在身体好的时候是否住在医院里?"台下顿时响起一片笑声。一位外国驻华大使赞不绝口地说:"你回答得太妙了!"

李肇星健谈、幽默、机智,轻易创造一种轻松愉快的氛围,在风趣中化解尴尬,活跃气氛,能够将不便直说的信息艺术地传递过去。

 智慧感悟

运用反诘设问,把难以言表的事物分解成若干个问题提出来,一则引发兴趣,启发大家共同思考;一则用以营造平等和谐的气氛,使人感到不是在掩盖某种事实,而是在共同交流情况,探讨问题,将对方的话题变被动接受为主动反思、反馈,在抛砖引玉、换位思考中让"系铃人"自己"解铃"。

古人也有考虑不周的地方

李肇星说

古人也有考虑不周的地方,骏马与燕子结合的地方,做得不够结实——不过也不能责怪他们,他们哪里会想到,我们会万里迢迢把它带到大洋彼岸,送给我们最好的智利朋友?

背景欣赏

1995年,李肇星以外交部副部长的身份到智利参加两国外交部政治磋商,给智利副外长带了一件中国政府对外活动中经常赠送的仿青铜工艺品——马踏飞燕。按照西方人的习惯,智利副外长在现场麻利地打开包装盒。意想不到的是,可能是在运输途中剧烈碰撞,马脚与燕身结合处断裂了。

李肇星先是一怔,但很快就反应过来,他不慌不忙地把骏马和飞燕拿出来,亲切地对智利副外长说:"这是2000多年前的文物,十分珍贵。"他把骏马与飞燕对接好又说:"当然,古人也有考虑不周的地方,骏马与燕子结合的地方，做得不够结实——不过也不能责怪他们，他们哪里会想到，我们会万里迢迢把它带到大洋彼岸，送给我们最好的智利朋友？"听到这话，在场的所有人都热烈鼓掌。智利副外长接过马踏飞燕放进盒里，拉着李肇星的手使劲地握着。李肇星幽默的"开脱"和"护驾"，不仅化解了一个小小的尴尬，而且让主人和客人都感受到了真诚友谊的可贵。

恩格斯曾经讲："幽默是表明人们对自己的事业具有信心，并且表示自己占有优势的标志。"幽默是一个人生活态度的自然反映，是一个人文化修养的外在表现。增强乐观豁达的信念，培养敏锐的观察力和丰富的想象力，就能对那些不尽如人意的事泰然处之，并且找到曲径通幽的绝妙去处。

 智慧感悟

有学者认为，幽默的基本逻辑是出乎意料，是违反生活情理而专讲非常理。古人说，理是什么，理的一边是王字，就是说"王"有理。古代的"理"是为统治阶级服务的。对一些无关要紧的非原性问题或尴尬，如果换用幽默来讲，除了给人以笑的享受外，就是"歪理"也会被人们笑着去接受。这就是幽默的强大威力。

可以理解，谁不想提拔自己呢

李肇星说

联合国改革，这个事情大家很关心。有的国家想提拔提拔自己，想当个联合国安理会的常任理事国，这个可以理解，谁不想提拔自己呢？

背景欣赏

2005年4月15日，李肇星在外交部"公众开放日"与来自20个省市区160名代表见面时说："联合国改革，这个事情大家很关心。有的国家想提拔提拔自己，想当个联合国安理会的常任理事国，这个可以理解，谁不想提拔自己呢？……（日本入常）必须得到全体会员国三分之二以上多数通过，不管哪个方案，最少128票。票不到，免谈……我们要参加这个民主讨论，要讲道理、摆事实、讲法制，但关键还得多交朋友。如果交到128个，什么问题都解决了……"

李肇星用自问自答的形式，严肃而又风趣地指出，中日之间存在着严重的、绝对不能忽略的问题。首先是台湾问题，台湾问题涉及祖国的主权和领土完整，波及13亿中国人的民族感情，我们坚决反对日本同"台湾"有任何的官方接触和往来，这就是我们为什么对不久前那个"挺坏的人"、"台独分子"总代表李登辉到日本进行了严肃的交涉和斗争……第二个问题，历史问题，日本"有个大庙"，叫作靖国神社，里边供着大约260万日本在历次战争中死去的官兵的亡灵牌位，这也罢了，关键是里边有14个二战时的甲级战犯，其中有4位，在日本侵略我们东北三省时，担任过关东军参谋长，有3位担任过侵华日军的总司令，日本现任官员去参拜，中国人民包括爱好和平的世界人民是不能接受的！

李肇星以反问的表达方式，从"理解"日本希望"想提拔自己"，谈到"台独分子"总代表那个"挺坏的人"，日本"有个大庙"叫靖国神社，诙谐而幽默，表现出其犀利、坦率的口才和机智、敏捷的思维，从而将日本迫不及待地"想提拔自己"的用心公之于众，告诫善良的人们必须高度警觉。

 智慧感悟

所谓设问，就是原本没有疑问而自提自问，明知故问。要使讲话吸引人，不妨设计几个醒目的问题，自问自答，或只问不答，引人注意，让人思考，这将会大大增添你的言语魅力，使你的演讲具有磁石般的引力和戏剧化的效果。

说真话的自由空间太大了

🎧 李肇星说

世界上最难也最受欢迎的事之一，就是说真话，把真话说清楚，说准确。不能埋怨记者的问题偏激或刁钻。记者有提问的自由，怎么答则是你的自由。说真话的自由空间太大了。

背景欣赏

2008年7月21日，李肇星在接受记者采访时说："世界上最难也最受欢迎的事之一，就是说真话，把真话说清楚、说准确。不能埋怨记者的问题偏激或刁钻。记者有提问的自由，怎么答则是你的自由。说真话的自由空间太大了。"李肇星对此深有感触。

一个周末，李肇星和同事一起进行羽毛球双打，对手是一位下属和他上小学五年级的女儿。大约是为了不让部长太丢面子，那位下属开始巧妙地"喂球"，假装频频失误。女儿发现后大怒，质问爸爸：你们外交官怎能这样打球?李肇星再三道歉,其女儿仍感困惑。使李肇星感到童真的可爱,世俗的沉重。

李肇星和国际友人打了多年交道,在他看来,多交外国朋友的一个好处是:个别国内朋友会当面只给你说好听的,而外国朋友一般在谈我们的缺点时会更直截了当,甚至会稍加夸张。李肇星说,有一次陪克林顿总统访沪,他曾私下告诉我:上海的礼宾接待比中国其他几个城市先进一二十年。我问:包括北京吗?克林顿笑着颔首。我猜,这是指上海陪同人员少,菜单短,不劝酒,浪费少。

日常生活中经常看到,一个本来有些荣耀的事实被过度包装,反而显得廉价。如一位同志的名片在"副处长"职衔后加括号,注明"正处长长期不在";一位副局长名片在括号内注明"享受正局级待遇"……而美国人的名片更加突出所在机构和企业,值得玩味。

有一次,美国记者问:听说你们国家进口的一架大型客机被装上了窃听器,你对此有何评论?李肇星只"说点尽人皆知的事实":我们进口商品,是要付费的;我们未付款的东西,也不希望别国免费赠送。

社会上一度频繁关注官员开会打盹的问题。对此李肇星早有论述:开会打瞌睡的问题,也要实事求是。他小时候上课,特别是听校长和教导主任作报告,就爱打瞌睡。他说,"年轻人觉多,听一些冗长寡味的讲话,打打瞌睡值得体谅。讲课和作报告的人都应承担一定责任。另一方面,我的经验,实在太困,打几分钟瞌睡,醒来再听,恐怕比假装认真听效果要好。"

李肇星说,不管做什么,都有一个重实效还是重外表的问题,我们应该营造讲实话、说真情的氛围。

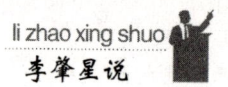

 智慧感悟

　　人之初，性本善。说真话自然最容易、最简单。人一旦打上社会的烙印，不愿说真话大都是顾及所处的环境氛围，顾及自己的得失利弊。讲真话要有心底无私、胸怀坦荡的勇气，还要讲究语言表达的艺术，方能随心所欲，游刃有余，恰到好处。

第六章
炎黄的血脉是生命线 祖国的神经是生物钟

诗以抒情,诗以言志。

我从来没有在上班时间、对外活动期间写诗,一年也写不了几首,因为写诗太累。这些业余水平的小诗,则是闲暇时自己与自己的对话,是专业劳动的副产品或"剩余价值"。

一两分钟能看完看懂的

李肇星说

我说的"好",标准很朴素:健康、优美、上口,一两分钟能看完看懂的;是我和不少朋友喜欢,也有时间去喜欢的那种诗。

背景欣赏

2004年10月17日,李肇星从东交民巷至顺义途中,翻阅着自编的《古今短诗300首》手稿,在序言中写下这样一段文字:我说的"好",标准很朴素:健康、优美、上口,一两分钟能看完看懂的;是我和不少朋友喜欢,也有时间去喜欢的那种诗。

在李肇星看来,世界上的诗浩如烟海。有多少人就有多少诗——每个少男少女都认为自己是诗人,每位老者的阅历都是一部长诗。他爱读好诗,上初中时就雄心勃勃地想编一本古今中外短诗集。半个多世纪匆匆过去,那梦想一如当初,并在许多对诗有相似看法的新老朋友鼓励下开始成真。

世界发展的趋势是政治多极化、经济全球化、文化多元化,人则活得

李肇星说

越来越忙、越来越累，爱好越来越泛。诗也推崇不断创新，但从多数读者的角度看，短的会更受欢迎。屈原的《离骚》和荷马的万言史诗固然辉煌，但人们更多地忙于学数理化和打工、打球、上网等，偶尔浏览一下绝句和律诗以及其他一些中外短诗就不错了。

时间就是金钱，速度就是生命。浪费他人的时间无异于谋财害命。李肇星写诗也是其质朴秉性的本能反应，所以他选的诗、他作的诗格调文雅、健康优美、朗朗上口，并且能使人在几分钟内读完看懂，了解其意。诗难译，短的更难。李肇星的《古今短诗300首》尽可能地挑选不超过十四行的短诗。他认为囿于自己涉猎欠广，还有许多好的没选进来，希望以后在学习中不断开阔视野，逐步增补。

 智慧感悟

诗是高度凝练的结晶体。简朴透视着高格调的审美情趣，省时适合现代快节奏的生活方式，通俗易懂则是表达情感的最佳途径。

同一个世界,同一个梦想

🎧 李肇星说

同一个世界,
和平、发展、
古老、年轻……
同一个梦想,
更高、更快、更强,
友好、和谐、成功……

背景欣赏

2005年7月13日,李肇星在从钓鱼台国宾馆到人民大会堂的路上,正逢堵车,心中涌动着这样的愿望:

同一个世界,
和平、发展、
古老、年轻……

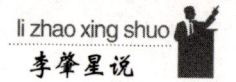

> 同一个梦想,
>
> 更高、更快、更强,
>
> 友好、和谐、成功……

李肇星从小爱玩,喜欢运动,20世纪50年代国家实行劳动卫国体育制度,他曾获铁饼三级运动员称号,曾任第一次北京奥申委委员。尽管那次申办没有成功,却学了不少东西,积累了一些经验。当时国际奥委会主席萨马兰奇宣布悉尼中选后,我方坦荡大度地向澳大利亚朋友表示祝贺。经历了一次挫折,他与奥运的情结更加牢不可破了。

第二次申办奥运会成功了,让人格外充满期待。后来,李肇星嗓子出了毛病,需要做手术,他痛快地住进了301医院,原因之一是想在2008年到来之前治好嗓子,同声带健康的朋友一样走近北京奥运,渴望能以清亮的嗓音为北京奥运欢呼,为青年朋友们加油,庆祝"同一个梦想"成真。

对中国运动员、奥运志愿者和广大年轻观众的期待,可以说他在1999年元旦凌晨写的《桑兰之歌》就表达了:

> 刚毅、坚定,
>
> 大雪后年轻的青松。
>
> 纯真、平静,
>
> 雷雨中飞腾的山鹰——
>
> 祖国的骄傲,
>
> 战友的光荣,
>
> 生命的凯歌,
>
> 善良与美丽的结晶。

第六章 炎黄的血脉是生命线 祖国的神经是生物钟

那时,纽约市民正举行迎新狂欢会,在一场比赛练习中受伤的中国运动员桑兰是头号嘉宾。李肇星时任中国驻美大使,晚会的主人是时任纽约市长的朱利安尼。那是他第二次去看望桑兰。李肇星离任回国后,去桑兰家看过她,感觉她还是像在上述诗中写的一样。桑兰要做"奥运大使",李肇星心中暗喜:你做大使好!我做不成大使,做你的"参赞"也行——"参加参加、赞助赞助"。

奥运会,不是只比运动成绩,还是所有工作人员和所有观众文明程度、教育水平的比赛。一次,一位朋友对李肇星说:"奥运会那句'同一个世界,同一个梦想'是您写的吧,到处可以见到,您真的可以注册个专利什么的。"

李肇星平实地说,那是我两三年前一首业余水平小诗的题目,《天津日报》副刊发表后已慷慨付过稿酬,好像每行二三十元。报社社长张建星和文艺部主任宋安娜还当面赞许过,属于社会了。再说,那十个汉字,说不定好多人早就想过、说过、写过。注册的事,我不懂;很久前有人提示过,我未理会。后来,有个企业家告诉我"同一个世界,同一个梦想"及其英文译文"One World,One Dream"去年就有人注册了。李肇星认为自己落伍了,跨不过代沟,依然不理解这种注册的市场内涵。

 智慧感悟

奥运会是人类文明进步的标志,是世界和平发展的历史见证,是人类渴望团结起来传承创新奥林匹克精神的畅想曲。要实现这个夙愿,需要我们每一个人从我做起,从现在做起,从点滴做起。

永垂不朽的是理想

李肇星说

站着死去的是英雄，永垂不朽的是理想；
活下来是奢侈的偶然，快把烈士的重担挑上。

背景欣赏

1998年7月28日，李肇星在凭吊美国独立战争巴尔的摩古战场时，想起了30年前的今天，自己亲历的那场突如其来的特大台风、海啸和暴雨中，农场500多名官兵壮烈牺牲，思念死去的和活着的牛田洋战友，便写下诗一首，其中片断：

不敢忘，牛田洋。
你汹涌着战友的血泪，回荡着军号的哀伤。
恨的底蕴是酷爱，无畏的代价是希望。
站着死去的是英雄，永垂不朽的是理想。
活下来是奢侈的偶然，快把先烈的重担挑上。

第六章 炎黄的血脉是生命线 祖国的神经是生物钟

那是1968年夏,上千名1966年毕业的大学本科生、研究生和从国外调回的公派留学生,奉调到据说是"五七指示"发源地的牛田洋农场劳动锻炼。那场灾难后,"七·二八"成了永久的纪念。

2007年12月,李肇星住进301医院,想尽快治好嗓子,以便当好北京奥运会的"自愿者"。一天午休,他在病榻上看了中央台冯小刚贺岁片《集结号》在体育场首映的报道,为主人公谷子地爱战友、找战友、要求追认"失踪"战友为烈士的艰难历程所感动,再一次让他回想起那场牛田洋抗灾。

李肇星一次出差广东,听说"七·二八"死去的大学生没被正式列入烈士名单,他当即并此后多次请求当地党政军领导务必把83位死去的学生列入烈士名册。后来,这事不仅做到了,还树起了一座宏伟的花岗岩墓碑,碑上镌刻着所有500多名牺牲战友的姓名。其实,烈士和他们的亲属盼望的不一定是增加抚恤金,或像影片《集结号》中那样烈士之家可多分几百斤小米,他们更盼望的是对烈士的一种精神承认。

后来,李肇星再次来到牛田洋缅怀英烈,双手抚摸着500多烈士的名字,泪水洒在石阶上。他坦言,我不敢同谷子地相比,他在我的家乡一带为新中国诞生流血时,我才7岁;他1987年逝世时,我在首都工作,衣食住行都不用愁,没有吃过他那么多苦,我是幸运者,我经常默念这首小诗,能活下来就是奢侈,战友的理想信念永远激励着我,现在世界瞩目的北京奥运会即将到来,我有责任当好奥运志愿者,为和平发展尽自己一份力量。

 智慧感悟

奥运会不是战场,运动员不是士兵,但团队精神、战友情谊在体育事业中同样重要。2008年8月8日的奥运会"集结号"是平等竞争的号声,互相学习的号声,团结奋斗的号声。

我们虔诚地跪下来，
请您检阅儿女的善良坚毅

李肇星说

泪光难及的祖国啊！

骄傲地为你憔悴，

幸福地为你美丽，

我们虔诚地跪下来，请您检阅儿女的善良坚毅！

背景欣赏

2004年11月中旬，李肇星作为主要陪同人员，随胡锦涛主席出访拉美，与出访各国进行中国完全市场经济地位的谈判是重点之一，也是最艰巨的任务之一。这一任务就落到了商务部和外交部的肩上，经胡主席授权，李外长与北大校友薄熙来部长等参加了与阿根廷的谈判。这一谈判从16日晚上8点50分一直持续到17日凌晨2点27分，其中6次中断，又6次恢复，有一对一谈的，有七对七谈的，有生着气谈的，有笑着谈的。谈判最终胜利的时候，李肇星泪如潮水，将这奔涌的热泪化作了热情的诗句：

第六章 炎黄的血脉是生命线 祖国的神经是生物钟

凌晨，两点二十七，

异国首都，一片沉寂。

收获了心境的平静，失却了应有的睡意……

十万里外的祖国啊！

奔涌的热泪向你致意。

凌晨，两点二十七，

在他乡大地播种友谊，

赢得了可贵的平等。

捍卫了朴素的真谛……

泪光难及的祖国啊！

骄傲地为你憔悴，

幸福地为你美丽，

我们虔诚地跪下来，请您检阅儿女的善良坚毅！

当时，李肇星铁血柔肠，激动万分，遥望着"十万里外"的祖国母亲，"虔诚地跪下来"汇报那"赢得"的"平等"成果，以泪抒情，以诗言志，尽情表达一个儿女在异国他乡对祖国的忠诚与热爱。

 智慧感悟

谈判的动力是需要和利益，通过谈判增进相互理解，使双方在需要和利益方面得到协调和适应，实现互利共赢。外交谈判是对祖国无比忠诚与坚毅的考量和检验。男儿有泪不轻弹，情到深处气自华，正是诗人外长忠于祖国、热爱祖国的赤子情怀。

永怀青春中国

李肇星说

一片纯情，
光彩照人……
你是青春！
平等中寻找挚友，
以诚实营造自我……你是中国！

 背景欣赏

2004年3月6日，外交部长李肇星在十届全国人大二次会议记者招待会上，回答中国国际广播电台记者提问时说："今天不是谈诗的时候，但是我告诉你我从来没有在上班时间、对外活动期间写诗，今年是我到外交部工作的第40个年头，总共写过200多首，平均一年写不了几首，因为写诗太累，所以很少写。"

李肇星说："我曾经写过一首歌唱自己祖国的诗。20世纪70年代，我在非洲工作的时候就想写,到了联合国工作,才写了初稿,后来到了江泽民主席的故乡扬州,看到了那边有两句歌颂古代一位民族英雄的对联,叫作'数点梅花亡国泪,二分明月故臣心',我才定稿,并且发表。"他接着说:"我学习我母校的一位老师(也是我没见过的)李大钊所写的《少年中国》,我把它叫作《青春中国》:我的祖国现在就像一位朝气蓬勃、纯真可爱的青年人,他以诚实的劳动营造自我,他在平等当中,在全世界寻找朋友。"

"数点梅花亡国泪,二分明月故臣心。"这是清代诗人张尔荩为史可法所撰的联。唐代诗人徐凝的"萧娘脸上难胜泪,桃叶眉斗易得愁。天下三分明月夜,二分无赖(无奈的意思)是扬州。"说的是扬州独占了天下三分之二的月色美景。联中引用"二分明月"指代扬州,也暗指当时的明朝失掉了半壁江山,也指不是圆月,而且半月、残月。全联的大意是,残落的梅花瓣就像亡国者留下的血泪,明朝老臣的心也同残月一样。江泽民同志曾多次向国外友人提及此联,他说:"读到此联,很能激发人的民族自尊心和爱国热情!"

1998 年,李肇星来到扬州,诚拜史可法墓馆,品读这副墓前名联,将他 1996 年 4 月 6 日在肯尼亚首都内罗毕郊外草拟的《青春中国》改定,即《青春中国——海外回眸》

万千佳丽中,

唯有你不施脂粉。

一片纯情,

光彩照人……

你是青春!

百十山岳间,

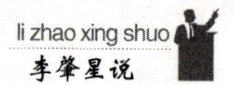

李肇星说

唯有你天开地阔。

平等中寻觅挚友，

以诚实营造自我……

你是中国！

《青春中国》被收入李肇星的诗文集《青春中国》，1999年由百花文艺出版社出版。

北大校友会前会长梅振才说：李肇星和夫人秦小梅是北大西语系英语专业的同班同学，可谓佳偶天成，天作之合。为欢送他们回国，校友会送给他们的匾牌上镌刻着两句诗："不辞海角天涯，永怀青春中国。"他解释道：前者是李大使为北大百年校庆题词中的佳句，后者出自诗人自己的名篇《青春中国》。

 ## 智慧感悟

在这个政治风云急剧变幻，外交事件出其不意的年代里，李肇星的诗歌作品都是在东奔西走的旅途中、在外交谈判的休息间安然静坐、处变不惊地构思写成的。正因为此，这些诗歌才有了独具的高度凝练、高度浓缩，李肇星也被公认为一位诗人外交家。正如作家冯骥才所说："外交家们应该庆幸，因为他们之中有一位诗人，他们独特的生活才得以光彩地展示给世人；诗人们应该庆幸，因为他们中有一位外交家，诗的天地才出现如此一块高贵而迷人的空间。"

业余小诗是专业劳动的副产品

李肇星说

自己的公职是为和平、发展、合作服务，努力维护人民的安全、权益和尊严。这些业余水平的小诗，则是闲暇时自己与自己的对话，是专业劳动的副产品或"剩余价值"。

 背景欣赏

2006年7月25日，李肇星在从北京飞往密克罗尼西亚途中，面对《天津日报》友人整理的《李肇星诗集》书稿，感慨地说："自己的公职是为和平、发展、合作服务，努力维护人民的安全、权益和尊严。这些业余水平的小诗，则是闲暇时自己与自己的对话，是专业劳动的副产品或'剩余价值'。"

李肇星记得小学时代，买不起钢笔，那几十行字是用毛笔工工整整写在作业本小格里，内容是当少先队员多么阳光、多么灿烂等等。班主任赵健老师对他那篇"诗"体作文评价一般，用红笔批了"抒情真实"等字样。

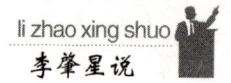

倒也是，一个孩子也不大会掩饰自己的内心世界。

1953年仲夏，李肇星从昌潍地区王戈庄"完全小学"毕业。当时高小毕业生的身份不亚于今天城里的硕士生！隆重的毕业典礼后，赵老师约他做临别谈话。那时她初等师范（相当于初中）毕业不久，应该还是妙龄姑娘，但她给同学的印象是慈祥老成，博学多才。她礼貌而又坚决地把李肇星作文本要了去作纪念，又赠送给李肇星一本方志敏的散文集《可爱的中国》。1957年赵老师成了"右派"，多年后才"摘帽"、结婚、生子，再后来不幸病逝。李肇星那些充满稚气的小诗和别的作文可能正幸运地陪着她在地下安眠。那本《可爱的中国》字里行间的爱国情愫，五十多年来则一直悄悄滋润着李肇星。从学习祖国语言的角度，李肇星惊奇地发现：方志敏烈士的散文比大多数所谓的诗都更深刻、凝练、美丽……他决定，自己应先学写散文。就这样，从初中、高中、大学到研究生，基本上再也没写过什么诗。

到外交部后，外出多，离家久，常想把对家乡和亲友的心里话写出来，但往往只有在飞机、车船上才有时间写一点。写散文用字多，旅程结束后常懒得抄清。于是，不写心里难受时便学写短诗了。

一晃42年，大约每年写那么六七首，每首有那么八九行。如今要把这些诗公之于众，他每每觉得不好意思。他学过先贤们文字"得失寸心知"的教诲，深谙"曾经沧海难为水"的哲理。下笔前后总是诚惶诚恐，顾虑重重，怕缺乏新意，怕表达啰唆，怕分寸失准，怕一不小心触动别人的知识产权，还怕过多投入会影响工作和睡眠……推来敲去，乐在其中，企图超越自己，又没完没了地忐忑不安，涂抹不辍，自觉压根儿看不到"圆满"的曙光，岂一个"苦"字了得！大致基于略知天命后的一种坚定与执著：一个普通人在祖国面前永远长不大，在世界文明面前永远学不完，有机会与周围各色友人共勉永远是一种弥足珍贵的幸福。

第六章 炎黄的血脉是生命线 祖国的神经是生物钟

李肇星坦言:"我祝愿自己不是什么官儿,不是什么诗人,而永远是母亲和祖国的孩子、老师和知识的学生、亲人和朋友的亲朋。"

 智慧感悟

诗以言志,诗以寄情。写诗使人巧慧,吟诗抒发胸臆。从某种程度上讲,人从事的职业劳动毕竟是有限的,而自己掌控的职业外劳动则是无限的。业余时间的副产品是正产品价值的延伸与拓展,认准目标,集中精力,提升自身业余时间副产品的剩余价值,与正产品交相辉映,相互促进,相得益彰,不失为智者的上上之选。

读书如读人，读古今，读未来

李肇星说

诗如人。读诗如读人读古今，读未来。陈毅作为革命家的浩然正气和作为诗人的典雅质朴是有机统一的。

背景欣赏

2010年"五一"劳动节至"五四"青年节期间，李肇星应陈毅元帅的长子陈昊苏和小女陈丛军之约，为陈毅元帅中法英文版三种文字对照的诗集作序。李肇星从江西上高赴上海世博会的路上，欣然为陈毅元帅诗选构思作序。

李肇星1964年就到外交部工作，一直没机会同敬仰已久的陈毅部长说过话，这次他用这种难得的方式向这位自认为与之心有灵犀的首长汇报一下有关体会。2011年9月，李肇星利用出差机会去四川乐至瞻仰了陈毅元帅故居。

陈毅是李肇星崇拜六十多年的偶像。他作为新四军军长兼山东军区司令员率部解放李肇星家乡时，李肇星只记得享受的第一块白面馒头是他的

第六章 炎黄的血脉是生命线 祖国的神经是生物钟

部下某炊事班战士给的。1955年,陈毅出席第一次亚非会议活跃于国际舞台时,李肇星是个幻想着能开汽车、开飞机、当记者的初中生,做梦也没想到几十年后两次接替他一小部分职务:外长、中国人民外交学会名誉会长。好在陈老总的诗李肇星倒是一上高中就读到了,而且"一见钟情",从中深受教育和激励。

李肇星写道:"陈毅的诗洋溢着对祖国的无限忠诚和历史使命感。诗如人。读诗如读人,读古今,读未来。陈毅作为革命家的浩然正气和作为诗人的典雅质朴是有机统一的。"

1921年2月,陈毅因参加和领导在法国勤工俭学的中国青年求生存、求学习的斗争,被中法两国反动派押送回国。诗道出了心声:

船儿向前移动,大陆张开了心胸!
母国这样的容纳,我们辱国的子孙又怎好上岸!

自责是出于报国无门的焦虑和赤子丹心。几年后,他作为工农红军的骁将,在井冈山根据地的诗展现了为人民奋战的气宇轩昂:

带梦催上马,睡意斗寒风。
军号声凄厉,春月似引弓……

生死关头更见壮怀激烈。1936年冬,陈毅和战友们在梅山被困。他做好了为党为民牺牲的准备,写诗藏在衣服贴身处:

断头今日意如何?创业艰难百战多。
此去泉台招旧部,旌旗十万斩阎罗……

对祖国解放事业的忠诚不仅让革命将领视死如归,而且视死如另一场战役的开始,境界广阔。

诗情的根基是行动。诚如张茜同志1972年对自己革命伴侣的评价,"服务为人民,直到病危时"。他的子女说:父亲对个人权位看得淡,把百姓和朋友看得重。战友们说,陈老总为人善良厚道,总是多看多学其他领导同志和各界、各国合作伙伴们的长处,对自己的亲属要求很严。这从陈毅的许多诗中都可以得到印证,《祝朱总司令六旬大庆》突出写"高峰泰岱万山从……服务人民三十载……",《示丹淮,并告昊苏、小鲁、小珊》则殷切要求孩子"牢牢谨记":"人民培养汝,一切为人民……"

陈毅关于人民至上的崇高理念,也体现在宽以待人、严于律己的高风亮节。他以满是乡土气息的文字写道:"手莫伸,伸手必被捉……第一想到不忘本,来自人民莫作恶!第二想到党培养,无党岂能有所作?第三想到衣食住,若无人民岂能活?……"通俗到极致,感人至深。

内政的延伸，便是外交。陈毅状写自己外交心路的诗独具外交为民的磅礴大气和深入浅出的周详简朴。《赠缅甸友人》娓娓道来："我住长江头，君住江之尾。彼此情无限，共饮一江水。我吸川上流，君喝川下水。川流永不息，彼此共甘美。"这是李肇星能想象的对中国睦邻友好、互利共赢外交实践最为准确亲切、易懂好记的写照。

伟人已去，风范长存；诗卷不老，常读常新。"宇宙无限大，万国共一球"的恢宏，"舍己为人不辞劳，艰难困苦豪气吞"的磊落，"个人太渺小，先做好学生"的谦逊，"欲知松高洁，待到雪化时"的品质，正像他所预言的，"历史不走循环路，人民革命日日新"。随着岁月的脚步声，陈毅元帅人品和诗品的高洁必将感动越来越多的各国读者，特别是一代代青年，这正是李肇星的期盼。

 智慧感悟

以铜为镜，可正衣冠；以人为镜，可明得失。以人品诗品双高洁的伟人为模范，历练出新一代外交家的浩然正气与为民情怀。

我信然，辛劳的幸福

李肇星说

知我者，时空的大度。
我信然，辛劳的幸福……

背景欣赏

1998年3月16日，李肇星在白宫南草坪检阅了美国陆、海、空、海军陆战队、海岸保卫队仪仗队后，向克林顿总统递交了由江泽民主席主签、唐家璇外长副签的李肇星出任中国驻美大使国书。当天晚上有感而发，写下一首小诗《重托之下》，其中片段如下：

爱而知渺小，做而知不足。
五十载跋涉，一百年一遇。
知我者，时空的大度。
我信然，辛劳的幸福……

第六章 炎黄的血脉是生命线 祖国的神经是生物钟

李肇星深知这是祖国的重托,是报效人民的难得机遇,工作更加尽心尽力。1998年6月7日,为回答美方各界一些善意的问题和化解分歧,他在旧金山连续作了三场演讲、五次答记者问,其间数度嗓子沙哑,直至失声。两周后回国,转诊北京、上海、西安的三家部队医院进行治疗。医生分析病因主要是说话太多,确有道理。中美关系总的不错,而且就我方而言,处理有关事情的总指挥部在首都,基础在国内,大使和大使馆的同志们日夜奔波,主要是涉及我国主权和领土完整的台湾问题。

在此期间,李肇星既是中国形象大使,又是宣传中国的"志愿者",对外有激情爱说话,特别是对记者,同全美国五十个州的议员都聊过,经常抓住时机,往来穿梭,说明中国的主张,传播中国的声音,言语多了,以至多次近乎"失声",最后不得不住进301医院做声带手术。

李肇星用诗歌表达个人力量的"渺小"和"不足",只有中国人民团结起来,经过半个多世纪乃至一百多年的奋斗,才赢得了民族的尊严和发展机遇,而作为一名肩负重任的外交官,依靠祖国的力量,为人民鞠躬尽瘁、死而后已的无上光荣的自豪感油然而生。他不仅这样抒发自己的情感,而且在每一个外交活动中都全身心投入,认真履行外交官的神圣职责,在为世界和平、为国家利益辛勤劳动的每一个具体行动中,收获和享受幸福。这首诗就是描述自己在历史重托之下的心情和奋勉前进的箴言。

 智慧感悟

责任是对人生义务的勇敢担当,责任是对生活的积极热爱,责任是对自己所负使命的忠诚与信守。一个充满责任感的人,就能不辱使命,在细小的平凡中缔造生命的辉煌。

中国赋予我生命

李肇星说

我是炎黄,
炎黄是我!
我是赤子之火,
我是灿烂的紫荆。
中国铸成我的灵魂,
中国赋予我生命。

背景欣赏

1998年6月,在香港回归一周年之际,李肇星作为组织和参与香港回归的见证者,感慨万千,写下《根》这首诗:

询问古老的大地,
仰问无垠的苍穹。

第六章 炎黄的血脉是生命线 祖国的神经是生物钟

我是谁？

谁与我认同？

……在昨日的创伤里，

在今日的求索中，

我触到了博大的根茎。

我是炎黄，

炎黄是我！

我是赤子之火，

我是灿烂的紫荆。

中国铸成我的灵魂，

中国赋予我生命。

　　李肇星的全部诗歌，始终如一地贯穿着对祖国的忠诚、对各国人民的友善和对美好事物的追求。祖国是他的根，只有了解回归中的曲折和殖民主义者留下的印痕，才能体会出"根"的分量，他的思想、感情，他在诗歌创作中的灵感，都是从这条根上派生出来。这首诗虽然写的是香港回归，实际上也是在写他的人生。这是一把打开理解李肇星这个人和他全部诗的钥匙。他把自己和祖国融为一体，从而发出"我是炎黄，炎黄是我！我是赤子之火"的呼喊；他认为：祖国是他灵魂的铸造者，生命的赐予者，他生命的意义就是报忠祖国，忠诚地为祖国服务。他的诗，就是他这些思想感情的喷发，是经过发酵加工后的艺术结晶。

　　李肇星的诗歌内涵丰富，处处闪耀着赤子情深的火花，奉献人民的感怀。这首诗则着重彰显了"中国赋予我生命"的人生观和价值观、责任感和使命感，经得起人们长久咀嚼，反复寻味。

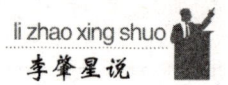

 智慧感悟

"来何汹涌须挥剑,去尚缠绵可付箫。"外交官忠于自己的祖国,诗人忠于自己的心灵,心灵与心灵交流的最好工具是诗。在一个沸沸扬扬的世界里,有一位外交家选择了诗,在芸芸众生的心灵间构架起一座座理智和友情的桥梁,使外交多了一些飞扬的神采,使诗歌增加了些内在的张力。难怪冯骥才称李肇星为"双倍的诗人"。

难得最是平常心

🎧 李肇星说

难得最是平常心。别以为自己是什么什么,也别以为自己的文字如何如何。从大处看,谁的经历不是一部长篇小说、一首小诗呢?具体点,我的业余习作与专业作家的创作不能相提并论,只不过是行色匆匆中随手记下的一些耳闻目睹的事和心灵轨迹。

背景欣赏

1999年8月9日,李肇星在北京至北戴河的列车上,面对天津友人将自己的诗集结成书稿《远行的诗情》,动情地说:"难得最是平常心。别以为自己是什么什么,也别以为自己的文字如何如何。从大处看,谁的经历不是一部长篇小说、一首小诗呢?具体点,我的业余习作与专业作家的创作不能相提并论,只不过是行色匆匆中随手记下的一些耳闻目睹的事和心灵轨迹。此书我看有点勉强,就算是和读者朋友的一种交流吧。我的奢

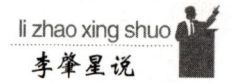

望是,这本小集子能像一碗凉白开,喝起来方便;有的读者愿意,就喝上三两口,剩下的泼在地上也聊可增加一丝湿润。"

"难得最是平常心"是李肇星内心世界的真实写照。

1999年6月,一位美国联邦参议员邀请他去蒙大拿州演讲。听众中一位女教授说他在美民众中很受欢迎,就送他一句英文格言,大意是:天使能够飞翔,是因为她们把自己看得很轻。李肇星颇受感动:天使尚且如此,又何况如我之辈呢?蒙大拿是美国一个较贫困的农业州,他在那里受到出乎意料的英雄般的接待。后来知道原因之一是中国青岛啤酒厂进口该州的大麦,而我恰好是青岛人,中国人。

1999年5月,以美国为首的北约轰炸了我驻南斯拉夫使馆,国人愤慨,世界震骇。李肇星推迟回国述职,连续接受了美国最有影响的6家媒体采访,介绍我政府和人民的严正立场。为此,450多位美国朋友给他发信,表示支持。他感到幸福,但心里有数,他只做了自己应该做的,于是在自己的小本本上写道:

在世界面前,
我微不足道,
和祖国加在一起,
赢得了些许骄傲。

平平淡淡是一份轻松,是一份平静。只要人们懂的"岂能尽如人意,但求无愧我心",不以物喜,不以己悲,保持一份平和,保持一份从容,这样的人生一定会平实而恬静。

第六章 炎黄的血脉是生命线 祖国的神经是生物钟

 智慧感悟

敢于逞英豪,祖国是靠山。平凡中孕育着伟大,伟大来自于平凡。平常心源于对客观规律的认识,平常心是一种人生境界,平常心是一种灵魂深处的品德修养。看淡名利,甘于平实使人不做作、不虚饰,洒脱适意,襟怀豁达,自视"渺小"不仅可以洞穿世界风云,而且使人坚守一个坦荡充实的人生理念。

炎黄的血脉是生命线
祖国的神经是生物钟

 李肇星说

谁送我继续前行？
喷薄的朝阳挂在长城！
炎黄的血脉是生命线，
祖国的神经是生物钟。

背景欣赏

1998年10月19日，李肇星在中国外交部新大楼触景生情，写下《生物钟》这首诗：

岁月啊，
作为记载别离的书卷，
你是线装的古董，
作为无数新起点的集纳，

第六章 炎黄的血脉是生命线 祖国的神经是生物钟

你是永远的年轻。

祖国啊,

我告别第一声啼哭,

是伴随你在母腹中的骚动,

我系上火红的领巾是迎接你隆重的诞生。

第一次离开家门,

是骑着爷爷的毛驴出行,

第一次告别国门,

东方传统是最好的启蒙。

谁送我继续前行?

喷薄的朝阳挂在长城!

炎黄的血脉是生命线,

祖国的神经是生物钟。

生物钟是指能够在生命体内控制时间、空间发生发展的质和量。

诗中第一节、第二节分别以"岁月啊"和"祖国啊"来指代我与祖国血脉相连、割斩不断的关系,把自我看作中华民族历史长河中的一个承上启下、继往开来的结合点和青春中国的经历者、见证人。以"书卷"、"古董",指代中国悠久的历史和灿烂的文明,使得"岁月"的质具有了一种历史的沧桑感和厚重感。用对比手法指出,中国既是一个具有几千年悠久历史的文明古国,同时也是一个"集纳""无数新起点"的"永远年轻"的青春中国。在诗的第二节,作者把自己与新中国视作整个中华民族母亲的同胞兄弟。中华人民共和国诞生之时,李肇星是刚9岁的儿童。他伴随着新生的中国一同成长。

如果说诗的第一节主要写"我"的孕育,第二节主要写"我"的诞生,

李肇星说

那么第三节主要写"我"的成长。李肇星用概括的语言,以两个"第一次"交代了他18岁离家到北大就读,30岁作为驻肯尼亚共和国大使馆职员出国,这10年正是作者人生中最青春的成长历程。"第一次离开家门",伴着亲人万千叮咛;"第一次离开国门",伴着祖国母亲殷切期待。身在异国他乡,置身国际风云的动荡中,为了国家利益和尊严,为了对得起那"线装的古董"和"东方传统"的"启蒙"。"喷薄的朝阳挂在长城"催促他前行!李肇星早已把自己与祖国血肉相连永不分离,因为炎黄的血脉是他的"生命线",祖国的神经是他的"生物钟"。

这首诗《生物钟》的遣词造句十分讲究,以特定的意象来表达特定的感情。如以"线装"、"书卷"、"古董"等表现岁月的沧桑与厚实;以火红的"领巾"来表现中国特色社会主义朝气蓬勃、蒸蒸日上;以"毛驴"来衬托爷爷的温情;以"朝阳"、"长城"来表达坚定的信念和强烈的民族自豪感;以"生命线"、"生物钟"来表达与祖国无法割舍的深厚情谊。诗歌节奏明快,朗朗上口,极富抒情性和创意感,不失为人品诗品双高洁范例。

智慧感悟

诗是中国古老艺术的奇葩,是中国人几千年的情感史。这首抒情诗是李肇星讴歌"青春中国"的代表作之一,浓郁的爱国主义情感和抑制不住的民族自豪感成为贯穿全诗主题的一根红线,颂扬了中华民族生生不息、传承发展的力量源泉,讴歌了华夏儿女不屈不挠、奋发向上的拼搏精神。

百姓高贵是历史的正常

李肇星说

大悲滋生大爱，
多难导致兴邦。
众志成城是民族的成熟，
百姓高贵是历史的正常。

背景欣赏

2008年5月19日，李肇星参加全国为汶川地震遇难同胞举行的追悼仪式后，在自己的小本本上写下几句心里话：

千百年，六十年艰辛跋涉，
下里巴人举哀终于同伟人相仿。
大悲滋生大爱，
多难导致兴邦。

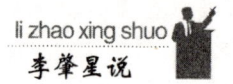

> 众志成城是民族的成熟，
> 百姓高贵是历史的正常。

2009年5月1日，李肇星应中央新闻纪录电影制片厂、总制片人等之邀，提前观看文献电影《人民至上》。随着画面徐徐展开，李肇星又回忆起2008年为纪念汶川遇难同胞所写的那首小诗，深切感悟到在中国的今天，"百姓高贵"才成为"历史的正常"。

地震是国家的不幸，人类的不幸，多亏人民国家有为生民立命之任，人民军队有解民于倒悬之责，人类有患难与共的良知。李肇星记录下那些感人肺腑的名字：下令"学生先撤，党员干部留下"的经大忠县长，先救民众后想亲人的李跃进局长，唐山十三义士……

中国人民在灾难中变得更加团结和强大了。俄新社社评称：一个总理在两小时内飞赴灾区的国家，一个企业和私人捐款数十亿元的国家，一个因争相献血、自愿抢救伤员而造成交通堵塞的国家，永远不会被摧垮！美联社述评说：任何国家的形象塑造，最重要的不是技巧，而是内容。一个视人民利益为最高利益的政府必然受人敬重、朋友众多。那么多素不相识的外国高官到我国200多个驻外使领馆、办事处悼念汶川地震遇难者不是偶然。

李肇星这首小诗，以高度的概括，凝练的语言，磅礴的气势，颂扬了党和国家领导人身先士卒的功勋，亿万百姓感天动地的事迹和人性美，再现了众志成城的民族精神，以及中国百姓"高贵"的历史现实。全诗内容厚重，文风纯朴，催人奋进。

智慧感悟

两千多年前中国古代的孟子就提出了古典民主思想的萌芽:"民为贵,社稷次之,君为轻。"经过世世代代的努力,只有在中国共产党的领导下,贯彻落实科学发展观的新时代,人民群众才"命贵如天"。不禁使人想起毛主席那气壮山河的诗句:"数风流人物,还看今朝。"

第七章
人活着实际上更像从未名到未名

> 生命难以有客观的序言,回忆录有点像人生的自序,世态炎凉屡屡证明,甚至"盖棺定论",也常常靠不住。如果要写,也是越晚越好,万一来不及也没办法,好在对己、对人不会有太大损失。
>
> 为别人和自己的书写序言,倒是一种较为方便有效的学习方式。

再不要报送那些只知其一、不知其二的材料

李肇星说

惭愧之余,我告诫自己和同事,要像江主席那样学而不倦,再也不要报送自己只知其一、不知其二的材料。

背景欣赏

2006年6月1日,李肇星在南京初读《江泽民出访纪实》,感到很幸运,因为书中写到的不少事情亲历过,自认为不具备为该书写序的思想高度,敢于动笔,大概是因为今天是国际儿童节,他一贯的思想是,在祖国面前,在知识的海洋岸边,每个人都是孩子,是学生。

李肇星第一次见到江主席是1989年的秋天。江主席在中南海会见外宾后,李肇星作为外交部发言人,拿着写好的新闻吹风稿请他审批。他说:"你定,我不看了。"李肇星不由得想起,几年前第一次为小平同志会见外宾写吹风稿向他汇报时,他说:"这是你的事!我不管了。再见吧,不

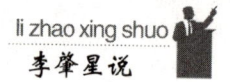

拉手了……"两位领导,一样的宽厚。想不到历史会有这样生动的相似之处。

自那以后,如果用"行万里路,读万卷书"打比方,李肇星陪同江主席走的路何止万里,从他的言谈举止中学到的更不是通常读书所能得到的。

外交工作的一个特点是,国家领导人既是最高指挥员,又是冲锋陷阵的士兵。在那些难忘的岁月里,江主席是中国外交政策的主要决策者,也是最辛勤的实践者。在李肇星心目中:决策时,他举重若轻;实践时,他举轻若重。在一线工作中,他既有青春的热情和潇洒,又有长者的冷静和严谨。同外国朋友谈话总是以理服人,以情动人。

知识是财富,是促进和平、发展、合作事业的力量。渊博的学识使出访活动精彩纷呈。在法国,他与法国领导人纵论小仲马名著和中国隋唐史;在非洲,他赞美黑色的美丽,并高歌爱国名曲《黄水谣》;在日本和古巴,他挥毫题诗;在美国、俄罗斯、德国和智利,曾分别用英语、俄语、德语和西班牙语演讲。

有一次,外交部为江主席准备的参阅材料中引用了莎士比亚的"和平在宣告橄榄枝永久葱茏"。当天深夜,江主席打电话问李肇星,这句诗出自莎翁十四行诗的第几首。李肇星学过莎翁的十四行诗,却早忘了这一句的出处。当即向同事和老师求教,才知道是第一百零七首。李肇星深有感触:"惭愧之余,我告诫自己和同事,要像江主席那样学而不倦,再也不要报送自己只知其一、不知其二的材料。"

知识主要来自虚心好学。每到一个国家,特别是亚非拉发展中国家,江主席做的第一件事就是向当地群众和我使领馆人员询问往访国的历史传统、政治经济状况和风土人情,甚至在电梯里还请教如何用当地话问好和道谢等。

这种对别国的尊重和亲民风范会立即拉近一个大国领导人与民众的距离。西方记者喜欢把这叫作个人魅力。李肇星体会,这其实是我们党的先进性在外交上的一种具体体现。江主席初到中央工作时，一些西方国家正对我国进行"制裁"。江主席从战略高度出发，顺应时代潮流，运筹帷幄，结交了许多朋友，为国家的稳定、繁荣和和平统一大业营造越来越好的外部环境。从1989年到2002年，江主席出访70多个国家，行程约60万公里，在空中和外国土地上总共364天。在这期间，香港和澳门回到祖国怀抱；北京申奥和上海申博成功；我国加入世贸组织，博鳌亚洲论坛成立；第一个以中国地名命名的重要国际组织——上海合作组织诞生；同我国建交的国家超过160个，我国在包括联合国在内的130多个政府间国际组织中发挥着建设性作用。

江主席的外交生涯是与民同心、与时俱进的。江主席的出访，是一本说不尽的书。其中，有中国共产党和中国政府的政策宣示；有传统民族文化的精髓，现代文化的新成果和人类文明的积淀；有中国人民与全人类的心灵交流；有中国对世界未来十年、百年、千年的期盼……

李肇星欣然写下了《江泽民出访纪实》的读后感：《祖国永恒，人民至上》，即为序言。

 智慧感悟

长期以来，外交工作一直被蒙上一层神秘色彩。撩起中国外交的面纱，展示国家领导人在涉及国家民族利益和国际大是大非问题以及在传播中国文化方面大量卓有成效的外交活动，加强了与公众的沟通，树立了外交亲和形象，可以为外交工作争取更广泛的民意支持。

情真辙深

李肇星说

我说过便忘了,他却专门找来读了这部短篇小说,并认真写了读后感,用以教育子女。他说,当了家长、老师和干部也不应只要求孩子和部下好好学习,自己应率先垂范……前面有车,后面有辙,此书情真辙深。

背景欣赏

2008年10月14日,李肇星在从北京赴格林纳达途中,阅读着刘德宝送来请他作序的《真情辙》书稿,仿佛在续读有51年书信交往的老朋友的情感史。温饱问题基本解决后,收藏成为一种时尚。李肇星认识的人中,比尔·盖茨收藏美国前任总统们的书信原件,前副外长杨福昌大使收藏有意义的菜单,甚至拥有一份毛主席在革命圣地延安宴请外宾的菜单……而刘德宝喜欢"相对论"创始人爱因斯坦的格言:"人的差异产生在业余时间。"于是他善于亲笔收藏自己的感情阅历,便形成了这本《真情辙》。

第七章 人活着实际上更像从未名到未名

书中令李肇星心动之处很多。

关于虚心好学。有一次,他"这位年过花甲的中国作家协会会员"读错一个汉字,被孙子和外孙女当场指出,他赶紧认错,按小孩子纠正的"连读三遍"。数年前,李肇星曾向他推荐作协主席铁凝若干年前的作品《哦,香雪》,而"我说过便忘了,他却专门找来读了这部短篇小说,并认真写了读后感,用以教育子女。他说,当了家长、老师和干部也不应只要求孩子和部下好好学习,自己应率先垂范……前面有车、后面有辙,此书情真辙深"。

关于对父母的爱。作者咏叹了毛泽东、周恩来、朱德、邓小平、李先念、陈毅等老一代领导人对母亲的深情,也详细地告诉读者,他"牙牙学语"时就向父亲学种山药蛋、向母亲学连掉在桌子上的米粒也要吃干净;他如今进入政协仍坚持"饭后刮碗"、"吃薯带皮"……李肇星联想到,一个真心爱父母的人也会真心爱祖国。

关于对家乡的爱。有一次,作者回乡探望母亲,在返城的公交车上为一位带小孩的乡嫂让座,被赞扬为"书记让座学雷锋",因为他从小知道古训"莫以善小而不为"。

李肇星以《情真辙深》为题,欣然为刘德宝的《真情辙》作了序。

 智慧感悟

车有多重,辙有多深;情有多重,意有多深。黄金有价,情义无价。一个人立志真心实意报效祖国母亲的养育之恩,就能从平凡小事做起,扎实工作,无私奉献,用绵绵真情唤起良知,推动事业发展进步。

关键是看完热闹后
静下心来把自己的事做好

🎧 李肇星说

美国可看的热闹很多。爱看热闹不是坏事,能看出一些门道儿就更好,关键是看完之后静下心来把自己的事做好。

📷 背景欣赏

2002年8月18日,李肇星在北京民族饭店翻着丁孝文《在美国看热闹》文稿,倒是愿意为其写序,而且自信能写出几句话。原因是他和丁孝文有一个共同点:爱看热闹。

丁孝文毕业于中国外交部所属的外交学院,是一位内向、好学的外交官。常言说:"外行看热闹,内行看门道。"粗粗翻一翻这本书,李肇星发现,自己看热闹的时候居多,而他在看热闹的同时常观察门道儿,从人们熟视无睹的许多事情中选出许多有意思、能给人以启迪的东西。

李肇星说:"美国可看的热闹很多。爱看热闹不是坏事,能看出一些门道儿就更好,关键是看完之后静下心来把自己的事做好。"

"说名片"吧,有的从中共中央、国务院写到省、县、乡,最后才落实到他的尊姓大名;有的名片罗列一大堆虚名,有卖弄炫耀之嫌;听说一些富裕地区,初中学生也有名片。丁孝文在美国待的时间不算长,却发现并勾勒出美国人名片简单、明了,突出所在机构或企业形象等特点,为国人提个醒,值得玩味。

有人称美国是购物天堂,在美国当顾客该是最愉快的,可以被视为上帝。你要是买东西,售货员会提供微笑服务;你要是不买东西,售货员照样笑脸相迎,甚至还会免费赠送一些小巧的礼品。丁孝文逛了几次商场之后便看出其中门道儿,发现对所有这些微笑和小礼品等,顾客最终是要付出代价的。世上没有免费的午餐,也没有免费的纪念品。

美国先进的东西比较多,中国的东西能得到美国人称赞,本来是好事。中国有理由为自己悠久的历史和改革开放成果感到自豪。但总有少数人,过分热衷于用外国人特别是美国人的一些说法来抬高自己,这实在大可不必。外国的说法,不管多么中听,如果要引用,最好考证一下。美国大兵人手一册《孙子兵法》参加海湾战争,西点军校高挂雷锋像,这些说法曾为许多人所津津乐道,丁孝文经过核实,肯定这不是事实。读读这本书中《美国人的说法就那么重要》一文,也许会有些启发,明白我们该做些什么。

 智慧感悟

信息传播一日千里,随处可见热闹纷呈。热闹之中有人们关注的热点、难点、焦点问题,热闹之中有门道、有玄机、有奥妙,善于观察、精心思考、去伪存真,就能在休闲中增长见识,在娱乐中平添智慧,在热闹中历练素质。

了解或研究一下政治营销学

🎧 **李肇星说**

政治营销学是一门"年轻"的学问,在西方国家刚刚起步。了解或研究一下政治营销学,或许也可为我们的工作提供一个新的视角。对有关学术观点我没有资格表态,我这位外行只祝两位博士在这一领域取得有利于人类进步的成绩。

 背景欣赏

2008年1月27日,李肇星在安曼至耶路撒冷途中,想起北大美国研究中心孙鸿博士和赵可金博士合著的书稿《政治营销学导论》要他作序,他踌躇再三,还是实话实说:我对国际政治也只是略知一二,对经济学中的营销学则全然是门外汉,没法下笔啊!

孙博士看到他的难处,便耐心解释:您该知道"政治掮客"吧,您总该关心美国各式各样的竞选活动吧——这些都是"政治营销"。又一字一句地念美国芝加哥德保罗大学一位资深教授给政治营销下的定义:由各类组织和个人将营销学的原理和程序应用于政治活动,以达到影响公众观点、推广政治理想、赢得选举、颁发律法及公投认可等目的。

李肇星开玩笑说,你这样开导我,试图影响我,是否也是一种"政治营销"。他答:正是。

李肇星突然想起来,从我国驻华盛顿特区的使馆往南大约五分钟车程,有一条著名的K街。据说那里挤满了大大小小的政治公关公司和职业游说机构三千七百多家,说客多达八千人。如果说这些"政治掮客"的业务以及美国大选中的竞选演说等就是政治营销,那它似乎可以被理解为是一种信息和观点上下左右传递的"政治广告",是官方与民众、党派与民众、群众与群众的互动。

于是,李肇星拿起笔,在颠簸的行程中写道:政治营销学是一门"年轻"的学问,在西方国家刚刚起步。他们现在加入了"敢为先"的行列,不应鼓励鼓励吗?了解或研究一下政治营销学,或许也可为我们的工作提供一个新的视角。对有关学术观点我没有资格表态,我这位外行只祝两位博士在这一领域取得有利于人类进步的成绩。

这就是李肇星为《政治营销学导论》所作序的主题思想。

 智慧感悟

毛主席曾讲,政治就是把我们的人搞得多多的,把敌人搞得少少的。学习现代科学管理方法,从市场角度研究政治宣传,从消费视角研究政治诉求,总结正反两方面的经验教训,大力宣传党的主张,扩大统一战线,积极探索政治体制改革,不失为开拓视野的有效方法。

历史积累就是你的机遇、你的大命运

李肇星说

四次留学"未遂",体验是:作为一个公民,在政治意义上,祖国和民族的历史积累就是你的机遇、你的大命运;爱自己的祖国,并尽力把这种爱转化为报效人民的学识、能力和有效劳动。

背景欣赏

2004年10月20日,李肇星从北京飞往阿拉木图途中,翻阅着外交部领事司姚芸竹同志邀请其为《还我一个真剑桥》作序的书稿。一个从未留过学的人要为这本专写留学生活的书写序,刺激了李肇星的神经,不由得使他回忆起自己至少有4次被公派出国留学的机会但未成行的往事。

1959年暮春的一天,山东胶南一中的领导颇为神秘地通知李肇星和同班同学马林,让他们准备进北京外国语学院留苏预备部。这对一个18岁的乡下孩子,真是喜从天降。当时那一代人是多么向往苏联!李肇星更对曾培养出门捷列夫、罗蒙诺索夫等科学家的莫斯科大学十分向往。留苏的事后因中苏关系出了问题而未能落实。

同年晚秋的一天，北大西方语言文学系领导通知李肇星和同班同学刘立炎准备次年留英。那时李肇星到北大不到半年，听到此消息既惊喜，又茫然。北大是第一个把他从"自以为是"迅速改变成能"自以为非"的圣地，不大舍得匆匆离去。好在第二学期碰上1960年国家经济困难，自然而然地取消了派他们出国留学的计划。

1965年7月的一天，外交部教育司丛文滋通知他和其他人快突击学法文，准备次年夏到日内瓦国际翻译学院留学。谁知次年5月16日爆发了"史无前例的文化大革命"，留学一事又不了了之。

1979年元旦中美建交。中国年轻人赴美留学成为可能，但李肇星已不再年轻。一天，马毓真司长问他，愿不愿到美国弗莱切外交学院进修一年半载。这可能是李肇星最后一次留学机会了！他答应回去想想。可没过两天，马司长告诉他别想了，可能让他留司培养。李肇星没说什么，已经逐步适应了国内外形势的"不断变化"。

李肇星深有感触："四次留学'未遂'，体验是：作为一个公民，在政治意义上，祖国和民族的历史积累就是你的机遇、你的命运；爱自己的祖国，并尽力把这种爱转化为报效人民的学识、能力和有效劳动。"李肇星读着手头这本书稿，作者姚芸竹的可贵之处在于：对外国和尚的经，择其善者而从之；面对外国朋友与中国的某些隔阂，作者与其他许多留学生一样，会马上充当个体外交官，有问有答，不卑不亢。拳拳之心令人气朗神清。

英美大学注重鼓励学生多参加社会实践，自力更生。作者通过自身亲历觉察到，英式"民主"是实用主义的官僚和理想主义的公民参与的结晶，权利的排他性没有消失，仅仅因出身就可终身享受的贵族没有消失……作

李肇星说

者留学一年,对将来可能赴英的同学留下的忠告就这么简单:"重要的是拥有一个健康踏实的态度,一个不那么浪漫的头脑,还有一颗平常人的心。"

李肇星觉得这本书蛮有兴味,在众多写留学生活的散文集中,《还我一个真剑桥》脱颖而出,值得一读,有些内容可供借鉴,包括作者反复暗示的一个常识:年轻人既要放眼未来,又要慎重走好眼下的几步。于是便写下《历史就是性格与命运——我的留学故事并序姚芸竹还我一个真剑桥》一文,并用自己早年给儿子禾禾作的一首诗作结尾,与作者和读者共勉:

> 别忘了你是谁?
> 你是朋友的朋友,
> 你是亲人的亲人,
> 你是祖国的儿子,
> 这是一切的根。

智慧感悟

人是社会的分子,人是祖国的孩子。个人的命运与祖国的荣辱兴衰同频共振,相依相连,有富强民主的祖国,才有自我的全面发展。得意的时候,要感谢祖国人民的关怀恩惠,不骄不躁,奋发有为;失意的时候,要正确看待国家所处的历史现状,不离不弃,无怨无悔,并通过扎实的劳动,改造自我,创造财富,为祖国的繁荣富强增砖添瓦、贡献力量。

新闻无国界,但记者有祖国有良知

李肇星说

丈山尺树看世界。我阅读报刊五十载的感悟是,新闻没有国界,但记者是有祖国的、有良知的。

 背景欣赏

2007年9月5日,李肇星在北京京西宾馆为《环球时报》系列丛书(2005—2006)作序时写道:"丈山尺树看世界。我阅读报刊五十载的感悟是,新闻没有国界,但记者是有祖国、有良知的。"

唐朝诗人、画家王维曾说,国画之功夫在于"丈山尺树,寸马分人",意思是描绘大物体要用大手笔,描绘精细事物要施墨确当。这和观察与状写天下事和各色人等是一个道理。"新闻无国界,但记者是有祖国的、有良知的"是他多次对新闻记者谈到的肺腑之言。

天下人事繁杂,单靠自己难以看全看齐。多数人在很大程度上依靠媒体看世界。李肇星认为,自己因工作关系到过不少国家,但大多是"坐车观花"而已,能不断了解这些国家,要感谢记者们的报道。在生活节奏快、信息密度大的21世纪,尤其需要依靠媒体的深入报道去把握时代精神。《环球时报》所载的精彩文章,作者们以独具匠心的论述,向我们展示了一个丰富多彩,也不缺少麻烦的世界。

例如,在"大国心路"系列文章中,专家们就大国关系和热点话题,从现象到本质娓娓道来,引人入胜,给读者诸多宏观启迪。

在"巅峰人物"和"异国风情"中,作者们以亲身经历,通过独特的视角,在黎民和风土等层面,勾勒生动活泼的现实,真切感人。在"小故事大人生"系列中,鲜有官话套话,但常常寓意深刻,读来轻松愉快,又回味无穷。

"往事千年"系列史料丰富,有许多鲜为人知的故事,如对历史上"美国威胁论"和沙尘暴肆虐的介绍,使人感到新奇又觉似曾相识,有以史为鉴的效果。

目前,中国人民走小康大道,建和谐社会,新闻工作者以他们对伟大祖国的赤诚之心和聪明智慧交上了一份份合格答卷,深受人民喜爱。李肇星认为,本书融知识性、史料性、理论性和趣味性于一体,相信读一读可以让我们更好地了解世界,开拓视野,丰富自我。

 智慧感悟

世道沧桑,事物繁杂。横看成岭侧成峰,远近高低各不同。媒体记者是海量信息的传播源或放大器,其政治立场、思想观念、知识水平是影响新闻报道的重要因素,新闻记者必须坚守职业道德,以热爱祖国为圆心,以不断提高自身综合素质为半径,通过自己的辛勤劳动,尽可能多地传播真、善、美,鞭挞假、丑、恶,建立一个公平正义的世界。

人活着实际上更像从未名到未名

李肇星说

名利无论多寡则全是从无到有,从有到无。人活着,表面上看有点像从未名到有名,实际上更像从未名到未名。一辈子有机会学习就好好学点有用的,有机会做事就实实在在做些好事,千万不能忽悠自己。

背景欣赏

2008年8月23日,在29届奥运会青岛奥帆中心,李肇星翻着在未名湖畔获得博士学位的外交部张昆生司长和丁孝文大使以及中国人民大学硕士戴兵公使衔参赞收集整理的《李肇星感言录》书稿,深沉地说:"名利无论多寡则全是从无到有,从有到无。人活着,表面上看有点像从未名到有名,实际上更像从未名到未名。一辈子有机会学习就好好学点有用的,有机会做事就实实在在做些好事,千万不能忽悠自己。"

李肇星深有感触,当学生时以为自己什么都懂,当了外交官却常惊叹自己的幼稚。初出校门，干什么都对马到成功信心十足，上了点年纪才知道内事外事都不容易。正像莎士比亚所言：一个老人是第二次做婴儿。更有甚者，五十多年过去，十来岁时所梦想的显得更远了。终于发现，世间事物，已知的少，不知的多；有名的少，未名的多；涉猎的领域越广，其与未知领域的共同边界线就越长。

李肇星这本书最早的一篇是1955年在姥姥村新建的瓦屋初级小学写的，最新的一篇是2008年8月7日出席南方中心董事会后自日内瓦飞返北京的班机上定稿的，仿佛命运正冥冥中配合这本书在家乡青岛出版社问世。李肇星横看竖看，觉得用"从'瓦屋'到日内瓦"作书名，虽然符合实际，但似乎还是欠周全，于是，斟酌再三，将书名改为《从未名到未名》。最后，他以"从'瓦屋'到日内瓦"为题，写读后感，是为自序。

小车不倒只管推，走到哪儿说到哪儿，卖什么吆喝什么。这是正确的套话。李肇星与日俱深的体会是：唯祖国与人民至上，和平与发展重要，亲情与真知无涯，人活着实际上更像从未名到未名。

 智慧感悟

没有最好只有更好。在浩瀚的知识海洋面前自感渺小学而不倦，在激荡的世界风云面前自知微薄谦虚谨慎，紧紧地把自己与祖国联系在一起，与人民同呼吸、共命运、心连心，正是李肇星不断向人生高境界冲刺的不竭动力。

创新是做科学所允许做的事情的自由

李肇星说

事物都是辩证的统一。如中国走和平发展道路,又通过自己的发展更有力地维护和平。又如,我理解,自由是做法律所允许做的事情的权利,创新是做科学所允许做的事情的自由。

背景欣赏

2010年10月16日,李肇星从上海世博会赴重庆中俄议会交流会国航班机上,对张作理《思想是开山斧》增订版作序时说:"事物都是辩证的统一。如中国走和平发展道路,又通过自己的发展更有力地维护和平。又如,我理解,自由是做法律所允许做的事情的权利,创新是做科学所允许做的事情的自由。"

张作理是李肇星的党校校友、宁夏回族自治区石嘴山市市长,当过农民工、车工、会计、经理、镇长、副县长、副市长、全国人大代表,经历使他的哲学、政治经济学乃至心理学思维不断拓展与升华,让他为老百姓

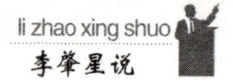

做好事有了更大的自由空间。

李肇星赞同或关注作者的一些理念与观点。如：他重视学习科学发展观，认为"价值观是理性行为的灯塔"。生命在于运动还是在于静养，人们不知争论了多久，他说"生命在于平衡"。他提出"民主的首要问题是权力来源问题"，人身依附关系越淡化，社会越进步。他鼓励人们不怕艰险，勇于改革，说"好的都是难的"，"要防止用实事求是的观念掩盖观念的落后"，提倡"体验困苦、巩固善良"。他主张激情与智慧有机结合，说"情商是生产关系，智商是生产力"，"中庸即适度"，但"静态的中庸是不存在的"。他认为"要做被骂的人，不做骂人的人"；要善于和敢于当机立断，"当十分有把握时，就已经失去了机遇"……

李肇星认为，有权不为不行，有自由不科学也不行。以史为鉴，包括以自己的阅历为鉴，国家和社会、集体和个人都一样，是为了现在和未来。我们付出了历史性的代价才懂得了发展是硬道理、实践是检验真理的过程和唯一标准、应以现代化建设为中心和谐发展为最简朴的理念，这些理念会科学地指导、规范我们的工作。

创新是一个国家和民族发展的不竭动力，是一个人奋发有为的思维方法。李肇星强调，创新不是随心所欲，创新以思想解放与行动自由互为前提，互相促进，互相制约，良性互动。

 智慧感悟

辩证唯物主义是科学发展观的基础和先导，对立统一规律、矛盾运动规律、质量互变规律是我们坚持科学发展观的基本规律。只有坚持这些基本规律，在传承中发展，在发展中创新，才能继往开来，开创新局面。

生命难以有客观的序言

🎧 **李肇星说**

生命难以有客观的序言，回忆录有点像人生的自序。如果要写，也是越晚越好，万一来不及也没办法，好在对己、对人不会有太大损失。为别人和自己的书写序，倒是一种较为方便有效的学习方式。

 背景欣赏

2010年5月17日，李肇星在北京昌平缘泉，手捧北京大学校友帮助搜集整理的《生命无序——李肇星的家国情怀》书稿，诚恳地说："生命难以有客观的序言，回忆录有点像人生的自序。如果要写，也是越晚越好，万一来不及也没办法，好在对己、对人不会有太大损失。"

2007年李肇星卸任外交部职务后，曾有十几个境内外出版社和许多朋友约他写回忆录，有的还试着以"天价"稿酬吸引他，他都半开玩笑地婉拒："等我老成一点儿再说吧！现在我还太幼稚，许多事儿拿捏不准……"为此，

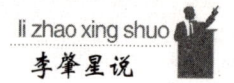
李肇星说

令许多的朋友不快。

在李肇星眼里,自己只走了一些路,喝了"几滴墨水"。李肇星以此形容自己还没长大。虽然他到过世界上196个国家中的181个,在大学、党校、干校等待过不下20个年头,翻阅过上千本书后,仍觉得知识贫乏,就像外交部过去评价干部时的套话所说"综合分析判断能力有待提高"。

许多朋友曾多次示意帮他写回忆录,而他反问自己,我的圣人老乡孔子、孟子、孙子有回忆录吗?当代许多人民军队的英雄和先进工作者有回忆录吗?写会很麻烦,在生命终止前可能得改来改去,加加减减,没完没了。世态炎凉屡屡证明,甚至"盖棺定论"也常常靠不住。

李肇星认为,为别人和自己的书写序言,倒是一种较为方便有效的学习方式。每次他应约为别人的书写序都得先强迫自己克服懒的毛病,认真通读书稿,无限快乐地寻觅、思索作者及其作品的长处和特色,尔后才落笔记述学习收获和感受的一小部分。为自己的业余习作写序、跋之类,则是一种自觉自愿的自我反省,或供朋友参鉴并与之共勉。

李肇星写序从不看人下菜,上至高官,下至不认识的平民百姓,只要翻读习作觉得对人对社会有启迪,就加班加点,信手拈来,一气呵成读后感,就是所谓的序言了。李肇星这本序言集共收录所作序言90多篇,2011年2月由科学出版社出版发行。

 智慧感悟

如今一些名人凭借名人效应累累出书立传,为的是发大财、出大名,"浮名"之下其实难副。李肇星作为人民群众喜爱的外交官,谦虚谨慎,戒骄戒躁,把自己始终置身于学习、反省状态,特别是喜爱利用业余时间为别人的书写序这种方式,与更多朋友搭建了学习交流的平台。

一种"被解惑释疑"的享受

李肇星说

读这种党建新著,不像看电视连续剧那么轻松,但的确是一种"被解惑释疑"的享受。其实,责任越大,越需要学习。实际工作的规律是,老师好好学习,孩子天天向上;领导好好学习,群众奋发有为。

背景欣赏

2010年3月5日,十一届全国人大第三次会议主席台上,趁着开会的铃声还未响起,李肇星向右边坐着的中国社会科学院副院长、全国人大常委李慎明博导请教国际社会科学动态,李慎明顺手赠送李肇星一本《全球化背景下的中国大党建》。

李肇星当晚如饥似渴地阅读这部新作,会议开了9天半,他夜夜翻看这本书。他说:"读这种党建新著,不像看电视连续剧那么轻松,但的确是一种'被解惑释疑'的享受。其实,责任越大,越需要学习。实际工作的规律是,老师好好学习,孩子天天向上;领导好好学习,群众奋发有为。"

此书从苏联的变化和西方也希望和平演变中国写起,强调"办好中国的事情,关键在党",认为理论无国界,但好的理论必须立足国情,服务于广大人民群众的利益。该书花了很长的篇幅剖析苏联解体的原因,这正是李肇星近十年来常思索的难题,看来,不能简单地归咎于某位领导人,要从信仰上、体制上找病根;也不能简单地归罪于外因,毕竟内因为主的原理是颠扑不破的。

李肇星曾利用工作之便向30多位外国领导人请教过苏联解体的原因,得到了不少于30种回答,涉及上层腐败、法制不健全、贫富悬殊、与美争霸失利等。有的说只因苏联不像中国那样有邓小平。一位美国前国务卿说,苏联聪明的官员不比美国少,但苏共领导人拥有的超豪华轿车和别墅比美国总统多。一位原苏共党员私下说:苏共在有约35万名党员的时候夺得政权,有约550万名党员时打败希特勒,有近2000万党员时丧失政权,就像美国诗人惠特曼所言,没有信仰就没有真正意义上的生命和国土。这本书正是对上述内容作了认真梳理。

书中用列宁的话告诫大家,"一定要给自己提出这样的任务:第一,是学习;第二,是学习;第三,还是学习"。李肇星记得60年前刚上小学时,语文和算术老师不约而同地讲过这句话。现在入了党,当了干部,却较少重温这话了,真惭愧。李肇星欣慰的是,读这本书可以让自己变得年轻好学一点。

 智慧感悟

莎士比亚说:"生活里没有书籍,就像没有阳光;智慧里没有书籍,就好像鸟儿没有翅膀。书籍是全人类的营养品。"如今出书热此起彼伏,良莠并存,读一本高品位的好书,可以陶冶人的情操,荡涤人的心灵,给予人无穷的智慧和力量,赐予人诚挚的热爱和追求。

这是"吴冠李戴"

李肇星说

江苏一家晚报"表扬"我说,李肇星作为常驻联合国大使工作忙,但每晚做倒立,坚持不懈。这是"吴冠李戴"。

背景欣赏

2006年8月6日,李肇星从巴布亚新几内亚首都莫尔斯比港飞北京途中,翻着吴建民的书稿《外交与国际关系》说:有一次,江苏一家晚报"表扬"我说,李肇星作为常驻联合国大使工作忙,但每晚做倒立,坚持不懈。这是"吴冠李戴"。

"张冠李戴"出自明朝田艺蘅《留青日札》卷二十二:"谚云:'张公帽掇在李公头上。'有人作赋云:'物各有主,貌贵相宜。窃张公之帽也,假李老而戴之。'"此喻弄错了对象或弄错了事实。李肇星用"吴冠李戴"含蓄地说明,不能把吴建民的优点和成绩挪在自己的头上,要实事求是,

勇于揭露问题,寻找自己的差距。

李肇星1940年出生在山东胶南抗日根据地,吴建民1939年出生于日本侵略军炸弹威胁下的重庆,新中国给了上学的机会,都在北京外国语学院学习过,都在中国常驻联合国代表团工作过,都做过外交部发言人,所以交往甚好。

在李肇星看来,吴建民比他早三年参加外事工作,阅历比自己丰富。吴建民多次为毛泽东、周恩来、陈毅等领导人担任法语翻译,曾任驻荷兰和法国大使、驻联合国日内瓦办事处代表。他擅长向世界介绍中国,40多年来为祖国结交了许多朋友。这本集子中有许多生动的事例。而李肇星认为,自己仅在外交学会时有幸直接为毛主席工作过半小时,那是他平生的第一次也是最后一次。吴建民说的外语比自己多……体育成绩也比自己强。不知情的记者才出现了"吴冠李戴"现象。

优秀的外交官需要辛劳的园丁培养教育。李肇星最羡慕吴建民外交学院院长生涯,欣然承担教书育人的重任。外交部所属的这一学院被称为"外交官摇篮",他带领师生,继承优良传统,又努力开拓创新,倡议开设了《外交案例》、《当代中国领事》等课程,并亲自讲授《交流学》。

李肇星敬重吴建民的报国之心和工作特长,愿与广大读者一起从这本集子中吸取营养,不断提高报效祖国的能力。为了告诫人们不犯张冠李戴的错误,诙谐地以"吴冠李戴"为题,为吴建民的书作了序。

 智慧感悟

做人贵在坦坦荡荡,做名人更要严谨求实,时时做到自强、自立、自警、自省,不为得失摇摆,不为名利贪心,老老实实做人,干干净净做事,对自己负责,对社会负责,才是一个光明磊落的人,一个大气睿智的人。

文化外交是整体外交的重要组成部分

李肇星说

在我40多年外交生涯中，祖国日益发展强大，外交的内涵和外延都在扩展延伸，其中文化外交是整体外交的重要组成部分。我感谢那些为促进国际文化交流辛勤工作的人们。

背景欣赏

2008年7月30日，李肇星在由北京去往唐山的路上，翻阅着北大小校友、记者张小兰的样书《弹奏东西方文化的和谐乐章》，感想颇多："我很庆幸，在我40多年外交生涯中，祖国日益发展强大，外交的内涵和外延都在扩展延伸，其中文化外交是整体外交的重要组成部分。我感谢那些为促进国际文化交流辛勤工作的人们。包括热心介绍中外文化的小兰校友。"

张小兰将她多年来发表在《中国文化报》等报刊上的有关文章整理成

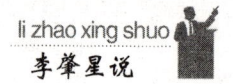

书，谈及对中西文化互补互鉴的看法，恳请李肇星作序，面对小小年纪就成了多产记者，李肇星一时竟找不到理由来拒绝。

在李肇星看来，世界文化是多元的、丰富多彩的，但同国际政治、经济秩序一样，国际文化秩序并不合理。为了能实现世界人民的共同梦想和理念，当今时代急需加强东西方和各国、各民族文化的交流，以促进相互理解和友谊。这本书脱颖而出，顺应了这一需求。

李肇星曾在全国人大山东代表团分组讨论会上再次谈到：中国五千年的文化非常有底蕴，中国人应该好好学习和传承下去。我自己的中文学得不好，我说这个话缺乏说服力，但我坚持认为，中国人把自己的母语首先学好最重要。美国、韩国、日本的文化输出势头很猛，我们要坚持中国人自己的文化，同时加强国际交流。

文化无国界，文化工作者有祖国。事实上，越是热爱祖国和民族文化，就会越珍爱和接纳其他国家和民族的优秀文化；反之亦然，越是文化修养高的西方人，越能理解和尊崇东方的优秀文化。该书作者以记者的敏锐视角，突出了"世界人民的心是相通的"这样一个主题。她说，人们有时就某个问题可能有分歧和争议，但平等和真诚就可以找到共同的语言。

李肇星希望这本书能为东西方文化的交流伴奏出和谐的乐章。

 智慧感悟

在全球化竞争日益激烈的今天，文化悄然成为扩大自身影响力，争夺国际市场的有力武器。先行者美国在文化外交领域占据主动，后来者欧洲的德国、法国，亚洲的日本、韩国、印度，都制定了文化海外发展战略，全球迈入"文化外交"时代。中国准备好了吗？

第八章
我永远忘不了家乡人民

> 别忘了你是谁,你是朋友的朋友,你是亲人的亲人,你是祖国的儿子,这是一切的根。
>
> 为了让儿子记住自己是庄稼人的后代,爱自己的故土,给他取名禾禾。

爷爷是高高的山岗

李肇星说

手掌沟壑纵横，
胸膛铮铮作响！
清一色的好石头，
爷爷是高高的山岗。
无字的丰碑，
民族的脊梁。

背景欣赏

1999年6月9日，李肇星从华盛顿去纽约途中，听说北约暂停轰炸南斯拉夫，为追念30年前逝世的祖父，作诗一首：《梦见爷爷》，其中写道：

清一色的硬石头，
爷爷是一座山岗……
恨起来像钢钎，

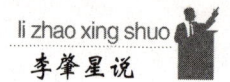

爱起来像陈酿。

为汉奸钉棺材,

为女儿打嫁妆。

为乡亲扎针号脉,

把儿子送到前方……

手掌沟壑纵横,

胸膛铮铮作响!

清一色的好石头,

爷爷是高高的山岗。

无字的丰碑,

民族的脊梁。

1940年,李肇星出生在山东胶南大珠山乡王家村一户普通农民家里。爷爷是一个普通的庄稼人,是石匠、木匠和乡村医生,左邻右舍有什么难事都找他,他乐于为穷人着想,送儿子到抗战前线,为乡亲们送医送药,称得上是当地的"街面人物"。正是这位开朗的老人,影响和铸造了李肇星的性格、才华和未来。李肇星家三世同堂,一年的收成也仅够填饱肚子,但爷爷很开明,坚持送孙子读书。在艰难的岁月里,贫寒的农村并没有阻断他无垠的向往,从小就喜欢爬到村头的树上读书,趴在家乡的麦地里写了1000多字的散文,名字叫《越活越年轻的爷爷》,寄往远在上海的《少年文艺》杂志后,不久就发表了。

李肇星回忆:"我拿到10元钱稿费,那是我们村、我们家的一次性收入中最高的。我用3元钱给我妈买了一件化纤料子的衬衫。我妈惊讶地说,那我要卖多少鸡蛋呀!我的学费都是妈妈卖鸡蛋积攒所得。"李肇星酷爱读书,爷爷带他下地干活,转眼间人就不见了,而每当找到他时,他总在贪婪地读书或者写字,后来爷爷感到孙子有出息,干脆很少叫他干活,而且提供更多的学习机会,经常给他讲故事,讲做人做事的道理,鼓励他要学真本事,长大了才有作为。

《梦见爷爷》这首诗,表达了李肇星对祖辈的无限深情和殷切怀念,爷爷就像一座"高高的山岗",其爱憎分明的立场,宽厚仁慈的胸怀,勤劳善良的秉性,在李肇星幼小的心灵树起了一座无字的丰碑,挺起的是中华民族不屈的脊梁。多少年来,李肇星没有忘记爷爷的教诲,默默地传承着父辈的精神遗产。

 智慧感悟

一个人的童年是美好的,一个有父辈臂膀呵护的童年是幸福的,一个有故土地域文化滋养的童年是多彩的。常怀感恩之心,常思责任之重,方能不忘过去,面向未来,在传承中发展,在发展中创新。

开拓一分童心,就拓展一分创造性

李肇星说

童年是一座取之不尽的宝库。留一分童心,就是留一分真诚;开拓一分童心,就是拓展一分创造性。

背景欣赏

1999年7月31日,李肇星在赴昆明世界园艺博览会途中,想起老同学戴行钺五十多岁得子,为了让儿子乐意亲吻他,他创造性地在自己的面颊上涂上薄薄的一层蜂蜜,让儿子去舔。巴甫洛夫的条件反射果然正确。两三次之后,孩子就非爸爸的脸蛋不亲了。由此,李肇星想起了儿子的童年往事,于是,写下这段感受:"童年是一座取之不尽的宝库。留一分童心,就是留一分真诚;开拓一分童心,就是拓展一分创造性。"

为了让儿子记住自己是庄稼人的后代,爱自己的故土,就为他取名叫禾禾。禾禾三岁就喜欢问这为什么、那为什么。大人常常答不上来,就让他自己设法回答。

第八章 我永远忘不了家乡人民

一天，禾禾久久地注视着一棵小树："为什么小树不会走路呢？""噢，因为它只有一条腿。我有两条腿，太好了。"

"吃包子时，包子为什么流油呢？""对不起，是我把它咬痛了，它哭了。"

"为什么要下雨呢？""啊，天空被乌云弄得太脏，得洗一洗了。"

"为什么雨点往下掉，不往上掉呢？""因为往下掉有地面给接着，地面是它们的妈妈。"

"雨为什么又停了呢？""准是下累了。"

"为什么会打雷呢？""黑云脾气坏，爱吵架。"

"月亮为什么有时胖、有时瘦呢？""它有时听妈妈的话，好好吃饭；有时淘气，不好好吃饭。"

"大海为什么不停地喊呢？""有的浪跑得太远，大海叫它们回来。"

"人为什么要坐飞机呢？""因为人没有翅膀。"

"为什么地上的飞机大，天上的飞机小呢？""到天上，要像小鸟一样才飞得快。"

"风筝为什么飞不远呢？""有人扯住了它们的身子。"

"为什么许多字我不认识呢？""它们没告诉我它们的名字。"

"人为什么有两只耳朵呢？""奶奶说，可以一个耳朵进，一个耳朵出。光进不出就装不下了。"

"为什么小朋友坐电车不用买票呢？""他们可以坐在妈妈的腿上。"

"为什么会有黑夜呢？""晚上太阳要休息。"

"爸爸为什么爱看电视上的足球赛？""因为他自己不会踢。"

"大熊猫为什么走路都慢腾腾的？""跟他们的爸爸妈妈学的。"

"长颈鹿脖子怎么那么长？""因为它们老想吃树顶上的叶子。"

"汽车的四个轮子赛跑，谁是冠军？""往前跑，前面的轮子是冠军；

李肇星说

倒车时，后面的轮子是冠军。"

在李肇星看来，一个人的童年天真无暇无限美好，留一分童真，就留一分真诚；开拓一分童真，就拓展一分创造性力，减少了一分世俗束缚感。

 智慧感悟

人之初，性本善。童心是人世间最美的率真与善良，多一分童心，多一分童真，少一分世故，少一分老成，或许能营造更温馨的天地，纯洁心灵，启迪智慧。

爸是山东半岛胶州湾上的一缕阳光

李肇星说

见儿子睡在硬邦邦的地板，
我想变成汕头东莞产的藤床；
听儿子诉说思乡的滋味，
我想说，爸就是山东半岛胶州湾上的一缕阳光。

背景欣赏

2002年6月，李肇星出差到美国，看到在美国留学的儿子禾禾睡地板上，作诗一首：《见儿子睡地板》。

见儿子睡在硬邦邦的地板，
我想变成汕头东莞产的藤床；
听儿子诉说思乡的滋味，
我想说，爸就是山东半岛胶州湾上的一缕阳光。
说不出的话太多，

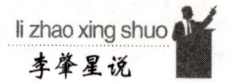

有火的炽热，

才能炼出好钢。

诗句的字里行间，一位严父的侠骨柔肠跃然纸上。

"我儿子一直认为我比较可笑，比较傻。高中毕业时，我推荐他考我和他妈的母校——北大，他说，我想考个稍微好一点的学校，就清华吧。"虽然是自嘲的口气，却让为父有一种骄傲。后来，两人发生了一场辩论，两人看法不一致。李肇星说："他要干的事，我不赞成，他就说我落后于时代。"

一周中，李肇星难解与儿子的争论带来的淡淡的伤感。李肇星在一篇短文《关于父母》中说：我们都爱自己的父母，但小时候又都对父母的一些要求有过不理解。可怜天下父母心。用外交套话说，父母对孩子的"关切"多了些，而孩子对父母的关切少得不成比例。有关秩序一直不公平。人们意识到这一点时，往往为时太晚。

另一篇短文《关于孩子》中说：父母爱孩子，是无私的——我享受过这种待遇，刻骨铭心；我爱孩子，深知个中滋味。几十年前，夜里去西郊幼儿园，"闹床"的孩子听见声音就躲进被窝装睡，那时，觉得自己在孩子面前威信还是高的。后来，儿子成了大学生，自己就变得像中学生；儿子读硕士自己就更什么"士"也不是了。怎么办？还是要与时俱进，学习，包括向孩子们学习，同时提醒孩子，要志在高远，又要牢记祖国永恒。

这些出自父辈的肺腑之言，不禁使人想起朱自清的《背影》，想起自己的父母。可怜天下父母心。不知李禾禾是否有机会读父亲的这些日记，能否洞悉父爱和原则之间的尺度，他有一天是否也会发出"为时太晚"的感觉？

我们祈愿为人之子,为人之父不再承受这不对称的"秩序",父子间已经默契如旧,相敬如宾,恩爱永远……因为天下父母都是儿女的"藤床",都是儿女心中的"一缕阳光"。

 智慧感悟

总有一个人将我们支撑,总有一种爱让我们心痛,这个人就是父亲,这种爱就是父爱。高尔基说:"父爱是一部震撼心灵的巨著,读懂了它,你也就读懂了整个人生!"天底下每一位父亲都不简单,尽管他们不会甜言蜜语,但他们对子女那份爱,却那么深沉、隽永、悠长!父爱如山,以一种无言的沉默诠释着父亲的职责;父爱如火,点燃子女希望的灯;父爱如灯,照亮子女前行的路;父爱如路,引领子女把握人生。早一点长大吧,让父爱在希望的田野上收获果实。

我永远忘不了家乡人民

李肇星说

"一个人只有一个祖国,就像一个人只有一个母亲。"所以他怎么也不会忘记临清、山东、祖国。我就是山东乡下孩子,永远忘不了家乡人民,永远忘不了山东,忘不了祖国。

背景欣赏

2007年4月27日,刚从外交部部长职位上卸任的李肇星,受山东省委、省政府邀请来到济南,作当前国际形势专题报告。他说:"我常常想起我的老师季羡林,他一直以自己是山东人而自豪,他讲,'一个人只有一个祖国,就像一个人只有一个母亲。'所以他怎么也不会忘记临清、山东、祖国。我就是山东乡下孩子,永远忘不了家乡人民,永远忘不了山东,忘不了祖国。"李肇星几乎走到哪里,就将这句肺腑之言带到哪里。

极富语言天赋的李肇星之所以一直"乡音无改",也许更多的是他不

第八章 我永远忘不了家乡人民

情愿改。这位访问过许多国家,总是围着世界跑的人,一直对自己的家乡有一份不解的情结。他曾多次将自己的新诗作品先拿到家乡报纸发表,卸任后首先接受家乡某报专访,首先回到家乡作报告。了解他的人都说,他是一个念旧的人,一个重情重义的人。李肇星每次回山东,他的感觉就像回家,无论说话、做事都带着一股亲近和轻松。这一次他告诉人们:"我就是想回家来看看,和老乡们聊聊天。今天对我来说是不平常的一天,作完报告后我得去看看趵突泉、大明湖,这些年,世界都快跑遍了,可老家还有两个地方没去过。一个是被评为最适合人类居住的城市威海,一个是外交部老部长陈毅同志曾经战斗过的地方——临沂。"

44个外交年头,世界大多数地方都留下了李肇星的足迹,但他无论走到哪里,心里都装着故乡,牵挂着家乡人。一次在非洲看到一条河,突然想起了胶南老家村里的那条河,"每当河里发大水过不去,爷爷就会把我背过去"。李肇星笑谈到想"偷"吃捎给老师的油璇。家乡人给李肇星带去了两包济南特色小吃——油璇,一包是给他的,一包是给他的老师季羡林先生的。他说要不是回到老家实在吃得太饱,还会"偷"出一个来好好尝尝。

一位记者说,因为记者提问都难不倒你,所以很多人称你为"记者的克星"。李肇星立刻反问:"什么叫克星?其实我是记者的朋友。"与李肇星聊天时自然得就像和一位邻家叔叔聊天,但其睿智和犀利时不时会流露出来。

李肇星与乡亲们闲话家常中时间飞快流逝,不知不觉已是夜里11点半,人们请他给家乡的报纸写一句话,李肇星略一思索,欣然写下"为家乡人民、为和平发展合作服务。——祝贺《齐鲁晚报》二十周年"。

树高千丈,落叶归根。李肇星永远眷恋家乡的山水,永远思念家乡的父老乡亲。

 智慧感悟

月是故乡的明,人是故乡的亲。家乡是养育自己的摇篮,家乡是伟大祖国的一部分,一个人走得再远,飞得再高,故土的乡亲牵挂难以割断,这就是中华民族的传统美德,这就是故土难舍的归根情怀,这就是心系人民的高贵品质,这就是祖国永恒的力量源泉。

我母亲为我的长相感到自豪

李肇星说

我的母亲为我的长相感到自豪。我在美国俄亥俄大学演讲时,近3000学生曾起立给我3分钟的鼓掌,如果我的工作使外国人认为我的祖国是美好的,就是我的幸福和荣耀。

背景欣赏

2003年12月23日,李肇星以外交部长的身份在外交部网站"中国外交论坛"与网民进行105分钟的交流。有网友问:如果别人说你的长相不敢恭维,你怎么想?李肇星回答说:"我的母亲不会同意这种看法。她是山东农村的一个普通女性,曾给八路军做过鞋。我的母亲为我的长相感到自豪。我在美国俄亥俄大学演讲时,近3000学生曾起立给我3分钟的鼓掌,如果我的工作使外国人认为我的祖国是美好的,就是我的幸福和荣耀。这正如美国有句谚语:'天使能够飞翔是因为把自己看得很轻。'"

一个人的长相是无法改变的客观自然,一个人的智慧与魅力则是在父母的涵养中逐渐形成。李肇星从小由吃苦耐劳的母亲含辛茹苦地一手带大，对母亲的爱更是深沉而执著。母亲生了6个孩子，只有3个孩子活了下来。李肇星两个弟弟因家庭贫困，农村少医缺药，很小就夭折了。母亲把李肇星视为掌上明珠，经常絮絮叨叨地给他讲做人的故事和道理，希望他长大了有出息。在李肇星北京上学期间，母亲更是无时不牵挂着儿子。有一年，家乡有人来北京，母亲托人给李肇星捎去几根家乡的大葱。收到母亲的礼物，李肇星感动得流泪，他握着粗粗的、白根绿叶的家乡大葱，感慨地对同学们说，这是我母亲从千里之外给我捎来的呀！

参加工作后，每当回到家乡胶南，李肇星都要竭尽全力向父母尽自己的孝心。1995年，辛劳一辈子的母亲去世了。当时，李肇星正在联合国工作，没有机会赶回家为母亲送葬。事后，他怀着对母亲的深情写了一篇《送娘远行》的散文，发表在《青岛日报》上。父亲李瑞甫已步入耄耋之年，老人建国前参加工作，离休前是胶南市人大办公室副主任。母亲去世后，无论公务多么繁忙，李肇星总是挤出时间看望年迈的父亲。老人常常叮咛他要谦虚谨慎，做事小心。在老人的眼里，李肇星不是什么身居要职的外交官，只是个有拳拳挚爱之心的孝子。

2000年1月，作为中国驻美利坚合众国特命全权大使的李肇星从美国回来省亲，他特意去胶南老家看望了50多年前曾用奶汁哺育过自己的奶娘。那次见面，他抚着奶娘干瘦、冰凉的手，上上下下地打量奶娘家简陋的矮房，只见又粗又硬的炕席，只有油灯亮的电灯，联想起自己搬进了现代商楼，用上了VCD和电脑，而奶娘却没听过电话铃响。当他这样真诚地自责时，奶娘却没有一句埋怨，还慈爱地笑着劝慰他："我比你妈福气多了，多享受了几年不愁吃穿的光景。"还高兴地说："听说你干得不孬哇，为父老乡亲们争光了。"

如今，从胶南田野走来的这个普通农家子弟站在了中国外交舞台的聚光灯下。作为中国外交部长,他胸中装的是中国的外交事业,眼眸更关注变幻万端的世界外交风云。然而,他的视线怎么也离不开家乡和生活在那块土地上的父老。

 智慧感悟

　　父母之爱是一缕阳光,照射大地,使孩子感到春天的温暖;父母之爱是一棵大树,制造绿阴,使孩子体会夏天的一方凉爽;父母之爱是一股河流,无声不息,使孩子目睹秋天的美丽;父母之爱是一根蜡烛,点燃自己,使孩子感到冬天不再寒冷。感谢伟大的、无私的父母之爱让这个世界更加美丽动人。

最主要的就是创新能力的竞争

李肇星说

学习好,将来为祖国劳动,使我们祖国很快强大起来。特别要有创造性的学习,创造性的劳动,因为现在世界上各国的竞争,最主要的就是创新能力的竞争。

背景欣赏

2005年4月15日,李肇星在外交部组织的公众见面会上说:"学习好,将来为祖国劳动,使我们祖国很快强大起来。特别要有创造性的学习,创造性的劳动,因为现在世界上各国的竞争,最主要的就是创新能力的竞争。"李肇星强调学习的重要性,创新的紧迫性,正是他成长经历的写照。

1940年秋季,李肇星出生不久,父亲就外出参加抗日战争了。那时家里并不富裕,如果不碰上天灾,一年的收成也仅够这个三世同堂的家庭糊口而已。出生在这样贫困的家庭里,李肇星能够把书一年一年地读下来,爷爷是他强有力的后盾。

第八章 我永远忘不了家乡人民

李肇星的爷爷思想开通,性格开朗,又会一些医道,算是当地出头露面的人物。爷爷深知文盲之苦,全力支持李肇星念书。建国伊始,李肇星到了读书的年龄,因为王家村没有学校,李肇星便去了姥姥家所在的瓦屋村上学。遇到天灾,全家人勒紧裤腰带过日子,也要保障李肇星把书读下来。穷人的孩子懂事早。长辈在地里辛苦劳作,李肇星有时却在劳动时当"逃兵"。有时候,爷爷和李肇星一块干农活,谁料只干了一会儿就看不到孙子的人影了。爷爷生气地叫人去找,才发现他一人躲在僻静地方如痴如醉地看书。爷爷平日里对儿孙的管教非常严厉,见此情景常常一笑了之,后来干脆不再强逼孙子干活了。

乡间的生活贫寒又温暖,广袤的大地给了一个农家孩子无垠的想象空间,李肇星从小就满怀憧憬与梦想。他特别喜欢爬到村头的树上读书,读累了就望着天空展开梦的翅膀。妹妹李肇菊记得,一日三餐哥哥都是拿着书本上饭桌的;家中做的是什么饭,李肇星从来不管不问,有的时候,因为眼睛盯着书本,筷子夹着的饭菜送不到嘴里。

小学毕业后,在爷爷的支持下,李肇星背着干粮,来到胶南县城,在胶南一中度过了6年的中学时光。生活条件艰苦,李肇星依然利用一切时间学习,代数和语文的成绩尤其突出。县城里的图书馆是李肇星经常光顾的地方,本来图书馆只给干部服务,不对学生开放,但李肇星这个老实憨厚、好学上进的学子感动了图书馆的管理人员。每当夕阳西下,暮色降临,李肇星才最后一个离开图书馆。

少年李肇星少言寡语,见了人咧嘴一笑就算是打了招呼了,全然不像他当外交部发言人时那样口若悬河。上中学时,李肇星还是不爱言语,"唱歌好像是在念歌词",但每当争论问题时,他总是寸步不让。

1959年,参加高考的李肇星报考了北京大学。考试后的一段时间里,一些普通院校的录取通知书陆续寄到了李肇星的一些同窗好友的家里,而唯独李肇星还没有得到任何消息。看到家人焦急的样子，心中难过的李肇星安慰家人说，这次考试可能成绩不佳，苦读一年再考吧。家人都信了他的话。可是没过几天，一个村干部大叫大嚷地来给李家报喜——李肇星被北京大学西语系录取了，而且是建国后胶南县第一个考上北京大学的考生！接到录取通知书，李肇星乐得一蹦老高，头差一点儿碰上他家那间小矮屋的顶棚。

出身贫寒而又自强不息，刻苦学习，开拓进取的习惯，一直伴随着李肇星成长进步，历经风霜雨雪，顽强前行。

智慧感悟

学习是人类赖以生存的基础，创新是一个国家发展的灵魂，是一个民族自强不息的不竭动力。学习就是要掌握知识，练就技能，不断改造客观世界和主观世界，在学习中创新，在创新中学习，在循环往复以至无穷的过程中丰富自我，永立时代潮头。

瑞士手表是国产，
无自主品牌对我刺激很大

李肇星说

要关注国内生产总值，更要关心自主创新能力、结构调整和生产方式的转变。瑞士手表是国产，无自主品牌对我刺激很大。

背景欣赏

2011年3月10日，《京华时报》记者就李肇星作为一名全国人大代表，最关注的问题进行采访。李肇星说："作为一个普通代表，要关注国内生产总值，更要关心自主创新能力、结构调整和生产方式转变。"

李肇星举例说，比如我国去年在国际市场上提供了97%、98%的稀土，是稀土第一出口大国。西方国家他们也出产，但他们不采，就愿意买中国的，因为便宜。所以我国不应该光是卖原料，而应该加工后再卖，这样附加值就上去了。再比如说我国出口芭比娃娃，"这个娃娃卖八九美元，但我们

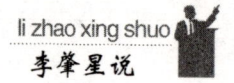

的纯利润很少,可能不到1美元"。

李肇星说:"瑞士手表是国产,无自主品牌对我刺激很大。"他2010年碰见一个瑞士企业家,聊到自己戴的手表,这个表应该是中等牌子,他问这只表质量怎么样,在国际市场上怎么生产、处理。结果这个企业家看了哈哈大笑。为什么人家大笑呢,李肇星取下手腕上的手表递给记者,指着看表上的一行小字"SWISS MADE"(瑞士制造)。原来这个表最重要的部件、技术含量最高的部件,全是在中国生产的。但我们没有品牌,他们就用便宜的价格把这些零件买去,然后装起来,用自己的品牌出口。猜猜他们出口的价格和买这些零部件的价格相差多少?

李肇星说:"出口的价格和咱们卖给他们的价格相差40倍。这说明什么,说明咱们必须要自主创新,要有自己的品牌。"

自主创新是"个人、社会组织、机构等进行的自主、主动、独立的创造活动"。李肇星认为,自主创新的"自主"是针对"引进"提出来的。有的部门或领域过分依赖引进技术,这种发展是建立在粗放型经济增长方式基础上的,必须强调自主创新,要有自己的知识产权,有自己的品牌,才能持续健康发展。

家乡山东的自主创新受到国家很多表扬,让李肇星引以自豪。他举例说,山东的海尔上个世纪就把公司开到了美国,总部只派去一些干部,然后在当地雇了200多名员工。他去访问时,州长再三向他表示感谢,说帮助他们解决了就业问题。他在印度、巴基斯坦访问时,看到山东的洗衣机、电冰箱特别受欢迎,心里很高兴。

智慧感悟

党的十七大指出"提高自主创新能力,建设创新型国家"是"国家发展战略的核心,是提高综合国力的关键"。自主创新实际上是国家的自主,是站在整个国家利益上的自主,代表国家自立于世界之林能力上的自主,"自主"强调中国人要自强自立、勇于创新,不能总想"买"或"借"外国的先进技术,没有自己的关键技术、核心产品将永远处于被动地位。在一定程度上讲,热爱祖国,就是要积极自主创新,完善创新机制,实施自主品牌战略,提高竞争实力,让劳动者得到更多实惠。

帮我办个事就接受采访

李肇星说

你答应帮我办个事,就接受采访。建议你采访采访这个学校的院长,他的学生98%都能找到工作。你一定要去采访一下他,他是我们家乡的荣耀。

背景欣赏

2011年3月10日,《京华时报》记者希望采访李肇星,他确因太忙先是谢绝。在记者的一再坚持下,李肇星拿出一位山东代表团代表荣兰祥的名片说:"你答应帮我办个事,就接受采访。建议你采访采访这个学校的院长,他的学生98%都能找到工作。你一定要去采访一下他,他是我们家乡的荣耀。"

记者连忙答应了,李肇星这才诙谐地表示:"有什么问题问吧。"

3月12日,在山东代表团分组讨论的现场,李肇星在接受一些媒体记者采访时,不时插话推销山东,也同样掏出全国人大代表荣兰祥的名片递给记者说:"我建议你去采访这个学校的院长,他的学生98%都能找到工作。"

在接受完一位记者采访后,李肇星问"你在哪里学的新闻啊",记者回答说"在武汉",李肇星高兴地说:"太好了,欢迎你来我们山东代表团、山东采访,我们家乡有许多值得报道的东西。譬如说,山东涌现出一大批先进模范人物,有一大批著名企业,自主创新也受到国家很多表扬。我到美国、印度、巴基斯坦等国家访问时,山东的家电产品特别受欢迎。山东企业家搞了详细的社会调研。有些国家人民爱穿长袍,山东人就把洗衣机做的大些;有些国家经常停电,山东就把冰箱设计成停电24~48小时食物也不会坏……山东人很辛劳,也很智慧。"

李肇星一出现,总能引来许多记者的"围追堵截",甚至"死缠硬磨",常常使他难以应付。以为家乡人"办事"为条件,才接受记者采访的幽默调侃,凸显出李肇星从心灵深处对家乡人民的无比热爱与深切眷恋。

 智慧感悟

魂牵梦绕的家乡情结,是游子赤诚不变的孝心。能为家乡父老乡亲的幸福生活添砖加瓦,既能使赤子得到心灵的慰藉,又能为家乡的繁荣发展尽一份力,充分体现了中华民族的传统美德。

娘是伟大祖国最可爱的一部分

🎧 李肇星说

我走过不少地方，可最爱去的还是娘所居住的那方土地；参加过不少盛大宴会，可最爱吃的还是娘给熬的米汤；听过不少豪言壮语，可最爱听的还是娘那些家常话。对经常外出的我来说，娘是伟大祖国最可爱的一部分，是我心头最敏感的一部分。

背景欣赏

1995年6月18日清晨，李肇星80多岁的老母在山东胶南医院永远离开了这个人世，永远离开了所日夜思念的漂泊天涯的儿子。

李肇星在50多岁失去娘，和许多人相比，是幸福的；在50多岁成为没娘的孩子，痛苦更加刻骨铭心。山重、海深，都无法与半个多世纪的母子情相比。多少年来，经常浮现在李肇星眼前的，是日寇入侵时娘拉着他在玉米地里逃难的情景；是娘用村边池塘里的泥巴当颜料为八路军战士染军装的情景；是娘不舍得吃一个鸡蛋，而去换一两分钱让他带着去上学的情景……娘活了80多年，她太累，付出的爱和辛勤太多了。

李肇星算来，娘离去时他正在加勒比岛国牙买加访问，也可能正在飞往巴西亚马逊州府玛瑙斯途中。这些年，李肇星发出内心的感言是："我走过不少地方，可最爱去的还是娘所居住的那方土地；参加过不少盛大宴会，可最爱吃的还是娘给熬的米汤；听过不少豪言壮语，可最爱听的还是娘那些家常话。对经常外出的我来说，娘是伟大祖国最可爱的一部分，是我心头最敏感的一部分。可现在娘要远行了。"

送娘远行，千思万虑。李肇星至少有两件事无法忘记，也无法原谅自己。

一件是他大约五六岁时，舅舅捉到一只画眉鸟给他玩，他爱不释手。可娘说："鸟儿也会想家，放了吧！"还没等他作出反应，就把鸟儿从他手里拿走，放飞了。他气急败坏，大哭大闹，还用手抓娘的背，逼她赔他鸟。娘一向相当溺爱他，但在这件事上并没有顺从。一晃多少年过去了。1973年，李肇星在一次联合国关于环保问题的会议上，猛然记起这件事，意识到娘关于环保的一些朴素意识竟是那么可贵！

他真后悔，没能在娘生前向她承认这一点。

另一件是1960年，我国经历了严重的饥荒。那时，他在北京大学读书，也常吃不饱，饿得难受。他不知道家里的娘和乡亲们比他更饿，而老想着家乡靠海，总可以弄点鱼虾充饥。有一天，他给家里写信，要娘设法寄点咸鱼来，他很快收到了两条小鱼，泡水吃了，觉得好香。后来才知道，远在家乡的娘和两个妹妹吃饭时为了几片菜叶、几勺菜汤而相互谦让。

这件事，他也未曾有勇气向娘认错。

娘是李肇星心目中伟大祖国最可爱的一部分。这正是李肇星祖国永恒、人民至上的根基。"我爱祖国，爱自己的工作，注重平等待人……这都是娘生前身体力行教导过的，这也该是些能让娘宽心的话。如今想说，也晚

li zhao xing shuo
李肇星说

了。""最苦的是,已不能说再见,只能祈求娘在那深深的地下继续护佑我,滋育我。"李肇星哽咽着,颤巍巍地写下了《送娘远行》的散文诗,是他浓浓家国情怀的缩影。

 智慧感悟

　　母爱,是人世间最仁慈的爱,是人世间最宽容的爱,是人世间最伟大的爱!母爱是人类情感世界中的一个奇迹,一个永恒的美神。

不可低估父母"身教"力量
——教育儿子的11堂课

🎧 李肇星说

教育孩子,"言传"很重要,但不可低估父母"身教"力量。因为父母是孩子的第一任老师,也是孩子最容易模仿的对象。父母怎样与人相处,父母之间怎样相处,很多看似不经意的对话、动作,对还在学习、模仿阶段的孩子都有着直接的影响。

背景欣赏

2008年3月,记者慕名采访李肇星和夫人秦小梅,请他们谈谈教子良方。

李肇星夫妇的儿子禾禾,以自己的实力考入北京四中,考上清华大学。2001年以数学年级第一的成绩从美国宾夕法尼亚大学毕业,2004年被哈佛大学工商管理学院录取。

夫人秦小梅曾担任中国常驻联合国代表参赞、外交部香港特派员公署国际组织部副主任,现任中国前外交官联谊会副会长。其父亲秦力真,曾

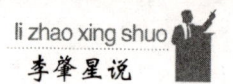

任刘少奇的秘书、外交部第一任领事司司长。出身外交世家的秦小梅最终选择退居，甘当"绿叶"。她说："我一生颇感欣慰的是成就了两个比较好的男人，一个是丈夫李肇星，一个是儿子李禾禾。为了家中两个优秀的男人，我选择了放弃自己。对很多人来说，放弃是一种痛苦，然而，当你的责任和感情到一定程度后，你就会感到，放弃中却充满了幸福。"

李肇星夫妇畅谈育子心得：

第1课：培养想象力

禾禾3岁就喜欢问"为什么"，他的问题经常为难父母。秦小梅同李肇星商量，何不让孩子自己开动脑筋、自问自答呢？没想到，小家伙还真能自己解决问题。一天，禾禾久久注视一棵小树："妈妈，为什么小树不会走路呢？"她说："禾禾自己开动脑筋想想看。"儿子边玩边想，突然说："我明白了，因为小树只有一条腿，我有两条腿！"我们很惊喜，用这种方法启发孩子的想象力，尝到了甜头后，但凡孩子提问，总先要求他自己回答。比如："天为什么要下雨呢？""啊，天空被乌云弄得太脏，得洗洗干净了。""大海为什么不停地喊呢？""有的浪跑得太远，大海在叫它回来。"

第2课：不得"不劳而获"

经常告诫孩子，不能不劳而获，不义之财不能取。一年春节，一个朋友向他们炫耀，自己孩子今年收了几万元压岁钱。我们不以为然。一次，禾禾去秦小梅一个朋友家玩，回家时那个朋友要给孩子路费，禾禾不要，没办法先把钱收下，在他家多逗留了一会儿，趁朋友不注意时，把钱悄悄塞在人家床上的枕头底下。事后朋友跟秦小梅说起，她才知道儿子的确把自己的话记到心里去了。

第3课："身教"的力量

李肇星夫妇说：中国有句古话叫"言传身教"，教育孩子，"言传"

很重要，但不可低估父母"身教"力量。因为父母是孩子的第一任老师，也是孩子最容易模仿的对象。父母怎样与人相处，父母之间怎样相处，很多看似不经意的对话、动作，对还在学习、模仿阶段的孩子都有着直接的影响。禾禾五六岁时，就能听懂很多事情了。一次，秦小梅一个朋友遭遇了大的挫折，她给秦小梅打电话时在电话里哭了，秦小梅就安慰她，大致是说"别哭了，擦擦眼泪，问题总可以解决的"之类的话。没想到，这个场景竟让禾禾铭记在心。大多数孩子刚上幼儿园时，都是又哭又闹想回家。有一回，禾禾老师跟她说，每次有小朋友闹时，禾禾就会走上去劝："不要哭了，马上就到星期六了，马上就可以回家见爸爸妈妈了。"他一边劝，一边还给小朋友擦眼泪。老师说禾禾是个特别善解人意、心地善良的孩子。那时，秦小梅就感受到了身教的示范作用。

第4课：懂得彼此尊重

禾禾很小的时候，我们就经常把家里的钱放在显眼的地方，然后告诉禾禾，这是爸爸妈妈辛勤劳动挣来的钱，是一家人的生活费，没有爸爸妈妈的允许，不能随便拿。禾禾的东西我们也从不乱动、乱翻，哪怕是看见他房间很杂乱，也只是提醒他适当地收拾屋子，绝不越权去乱动他的物品。在家里，禾禾的日记可以大胆地放在书桌上，而不用上锁。只有尊重孩子，才能更好地赢得孩子对父母的尊重。

第5课：学习赞美别人

李肇星夫妇订过一条纪律：当着孩子的面，从不说别人"不好"之类的话，也不吵架。有禾禾在场，我们总是肯定别人，赞美别人，讨论"怎样学习人家的长处"之类的话题。家里这种赞美他人的氛围也时刻影响着禾禾。有一回，禾禾说："妈妈，你放心，总有一天，我一定做到比某某还好。"其实，孩子已经粗浅地意识到爸爸妈妈身边不乏优秀的人才，只有做个更优秀的人，才是爸妈所期望的。为了这个"更"字，禾禾一直默

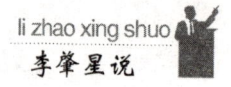

默努力着。

第6课：打铁要靠自身硬

禾禾上小学时，一些学生经常带可乐、巧克力到学校，也有孩子穿名牌衣服到同学中炫耀。慢慢地，禾禾也开始有了不平衡的想法。一天晚上，禾禾悄悄地走到秦小梅身边，一脸困惑地问："妈妈，春游我们班里同学都带饮料，我带什么？"就这个问题，秦小梅和李肇星商量的结果是：不能滋长孩子攀比的思想。然后，由秦小梅出面，找儿子谈了次话："妈妈不是不想给禾禾买可乐，之所以不买有几点原因：一、春游时天热，喝白开水比喝甜水要解渴；二、你不用和班里同学比吃喝、穿戴，要跟大家比学习成绩，做个品学兼优的好学生，这样更能赢得老师、同学的尊重，也会得到爸爸妈妈的表扬。"禾禾是个乖巧明理的孩子，从那以后，他果真不在我们面前提待遇了，他优异的成绩也帮他在同学心目中赢得了地位。

第7课：磨炼复合型人才

李肇星夫妇想让禾禾将来成为复合型人才。禾禾5岁上学前班，学过一年的绘画，他画的毛笔画《小蝌蚪找妈妈》还得了少年儿童绘画比赛二等奖，但他的心思并不在此，我们也就不勉强他学画画了。他喜欢数学，在小学三年级时，就自己报了奥林匹克数学班，每个星期天都是他自己从东城的家骑着自行车去西城的奥校上课，风雨无阻。因为基础扎实，他的数学成绩在班里总是遥遥领先。禾禾在北京四中读高中时，担任班长还兼班里的篮球队长、女排教练，他的足球踢得也不错。禾禾从事业余文体活动的时间是他从学习时间里挤出来的。只要这项爱好不影响他的学习，我们从不干涉。

第8课：父母罗曼史的影响

李肇星和秦小梅谈恋爱时，因为家庭背景相差悬殊，也有人劝小梅：

"你们家是高干,李肇星是从农村出来的,你们不般配。"可小梅的父母不这样看。他们也就提一条意见:你们自己认为在一起生活合适就行。李肇星夫妇几十年的感情经历,也在一定程度上影响着儿子对婚姻、对情感的态度。李肇星最吸引秦小梅的地方就是他心地特别善良,是个热心、有责任感的男人。如今,儿子也会面临感情问题,秦小梅偶尔给他讲她和李肇星当年的罗曼史,在儿子的心目中发挥了潜移默化的作用。

第9课:让孩子独当一面

禾禾早年学会了骑自行车,他主动提出今后要骑车上学,我们同意了,那个年代的北京居民,根据规定,买自行车要到派出所上牌照的。当时,李肇星夫妇工作都很忙,原本想找朋友代办,但又想考考孩子。禾禾以为办牌照是件很简单的事,就把这事揽了。那是三伏天,他一早就推着自行车出门,找到东城派出所,民警以他"年龄太小,要家长来"为由拒绝办证。他不想麻烦我们,又汗流浃背地骑车到另一个派出所,这回民警也借故不予理睬。无奈之际,又跑了几个派出所,终于把牌照办了。回来后非常高兴,完全是他经过自己努力,克服种种困难完成的。通过这件小

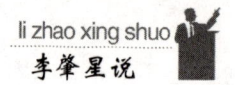

事，我们想说，家长要适时地让孩子明白，长大后到社会上工作不是一件容易的事，凡事应该从小做起，必须依靠自己。

第10课：该出手时就出手

高二那年，为方便学习，我们给他买了一台电脑。一天深夜，看见禾禾的房间还亮着灯，推门一看，禾禾正聚精会神地打电脑游戏。那年中考，他的成绩排名从全班前几名下滑到第15名以后，秦小梅到学校一打听，原来儿子上课时经常打瞌睡。我们这才意识到问题的严重性。秦小梅找他谈话："儿子，爸妈给你买电脑是为了方便你学习，既然你意识不到它的价值，你就没有资格再使用它了。"禾禾的认错态度挺好，但她没有心软，以维修的名义把电脑拿到了办公室，直到他考上大学后才还给他。

第11课：经历挫折也是财富

现在挫折教育很时髦。儿子也经历过不少挫折，给孩子经历挫折的机会未必是坏事。李肇星夫妇11堂家教课充分说明，家庭教育对孩子健康成长的积极作用，家长们可以从中得到有益的启示。

 智慧感悟

孩子是未来，是希望。孩子既是家庭成员，也是社会成员。现代社会如同纷繁复杂的网络，孩子作为社会一个分子都是网络中的一个小"零件"。学会在"社会网络"中生存，就必须懂得与其他社会成员和谐相处，相互依存。父母的言传身教最能唤醒孩子的良知，正确评估"我"在社会中的价值，把自身"定置"于社会网络中的合适位置，使孩子自幼懂得自身价值与社会价值、个体与群体的和谐关系，从小受到高尚道德情操和现代先进文化的教育熏陶，为孩子健康成长营造一个和谐、文明、积极向上的家庭环境。

外国并不是天堂

李肇星说

送孩子到国外上学不一定都是娇生惯养。据我观察，不少中国孩子到了外国，才真正受了苦，锻炼了独立生活的能力。因为，外国并不是天堂。

背景欣赏

2006年8月2日，有网友在线询问李肇星，现在不少家庭花不少钱把孩子送到国外搞洋插队，你怎么看？李肇星回答说："送孩子到国外上学不一定都是娇生惯养。据我观察，不少中国孩子到了外国，才真正受了苦，锻炼了独立生活的能力。因为，外国并不是天堂。"

李肇星为了让儿子记住自己是庄稼人的后代，爱自己的故土，所以为他取名叫禾禾。

李禾禾曾在美国一家大型计算机公司工作。2003年12月与网友畅谈中国外交时，李肇星提到了他的儿子："我的儿子和我不一样，他可能将

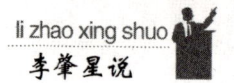

来就干他自己愿意干的事情,不大可能当公务员了,我想他兴趣不在这儿。"

李肇星夫人秦小梅讲述了儿子在美国所经历的挫折。她说,"9·11"事件后,美国经济很不景气,禾禾所在公司也大批裁员。一天晚上,儿子打电话给她说:"妈妈,很对不起你们,我被公司裁员了!"听得出来,当时儿子的心情很沮丧。她们对禾禾说:"孩子,不是你不够出色,美国政府制定了严格的法律,企业裁员时必须考虑各色人种在企业内部的比例分配,所以,你的出局并不能说明什么。别灰心,你现在能做的就是扎扎实实,继续前进。"在父母的鼓励下,禾禾重拾信心。没过多久,又听到他找到工作的好消息。

2004年,禾禾报考了美国哈佛大学,被哈佛大学工商管理学院录取。禾禾在美国读书、工作期间,没有任何人知道他的真实身份,她知道儿子是想凭真本领证明自己。他一直很优秀,但在异国他乡生活,需要克服许多难以想象的困难和问题,譬如文化、语言、思维观念、工作环境、市场、消费等,都与国内不大相同,现在遭遇挫折,需要的是父母的鼓励和肯定。

有人曾用"鹰爪"来形容李肇星的外交艺术,但对儿子的舐犊之爱,坦露出他的内心充满了诗意和柔情。

 智慧感悟

世界一体化、全球化发展进程势不可挡,一个人的成长要靠多种社会环境的历练与锻造,才能百炼钢化为绕指柔。诚挚的爱需要一种精心呵护,更需要一种坦然放手。彩虹总在风雨后,无限风光在险峰。

受益不尽的五堂课

李肇星说

我在北大那么多年只听过季羡林老师一次课,参加工作后倒有幸去医院请教过四次。他这五次所讲的,我却永远消化不尽,受益不尽。

背景欣赏

2007年7月11日,李肇星正在镇江和几位朋友谈论乌鲁木齐"7·5"事件,突然传来季羡林老师逝世的消息。李肇星当即打电话请北京大学校友帮助送花圈。季先生的音容笑貌不断浮现在眼前,他们的话题也转为如何在为人处世上向大师学习。

李肇星说:"我在北大那么多年只听过季羡林老师一次课,参加工作后倒有幸去医院请教过四次。他这五次所讲的,我却永远消化不尽,受益不尽。他每次都给我布置了'课外作业',送我他写的书。这些书我一直在读,有不少章节我仍读不懂,还在'策划'找'借口'到这位跨世纪老师的病榻前求教，想不到他却匆匆地去了。"

最使李肇星感动的是季先生的拳拳爱国之心。二战爆发后，季先生在德国留完学无法回国，在那里一待就是十年。季先生有广阔的国际主义胸襟。在德国发动战争的年代，他交了许多德国朋友，认为邪恶的是法西斯，而广大德国老百姓是善良的。印度文化在季先生笔下熠熠生辉，李肇星参与讨论重建那兰陀大学，即唐僧学习和教授佛经的地方时，一位印度学者说，没有中国的季羡林，印度的几段历史是很难写出来的，季羡林是他们心仪已久的印度灿烂文化的伟大知己。

季先生尊崇和谐社会的理念，始终保持虚怀若谷的风范。他毕业于清华大学，致力于把学问传授给北大学子。他热爱清华，同时尊重北大的学风。他曾向在外交部工作的学生们说，他与曾任外长的乔冠华是清华校友，乔冠华的德文比他好得多，很早就能流畅地阅读马克思和康德、黑格尔等人的哲学原著。他多次诚恳表示，自己算不上大师，还要活到老学到老。住院期间，他尽可能每天看会儿书，写千把字的散文。在他身上，没有半点文人相轻的毛病。他背后总是说某某学者值得学习，从不议论别人的短处。

李肇星回忆，他几次到病榻前看望、请教季先生，季先生曾给他许多具体鼓励和指点。李肇星任外交部发言人时，他关于"不说假话和真话不能全说"的教导，真是又科学又实用，为李肇星增添了做好工作的信心和空间。

望着镇江的山山水水，李肇星心潮澎湃，含泪北顾，深知老师的爱国情怀和治学之道，是永远学不完的。

智慧感悟

老师是春蚕、蜡烛，是辛勤的园丁，"传道、授业、解惑"的实施者，是人类灵魂的工程师，我们每个人都是在老师的感染、熏陶和教育下明白了生活，增长了知识，历练了智慧。我们应该怀念老师、感恩老师，因为他给了我们前进的动力，飞翔的翅膀，是他指明了人生前进的方向，擦亮了放眼世界的双眸。

退休后继续为祖国奉献一切

李肇星说

孔子主张，人要活到老学到老，其实我是到老了也学不完。退休后继续为祖国奉献一切，继续学习。

 背景欣赏

2007年4月27日，北京钓鱼台国宾馆芳菲苑大厅举行第六届"外交官之春"活动，宴请各国领导、使节，李肇星当日第一次以"前任外长"的身份在首都出席正式的公共活动。李肇星感性地表示："孔子主张，人要活到老学到老，其实我是到老了也学不完。退休后继续为祖国奉献一切，继续学习。"并以多国语言深情道别，人们一拥而上，与李肇星握手、拥抱。

自2003年就任中国外交部长以来，李肇星以他的坦率和激情，获得了很多中国民众的认可，中国外交也取得了令人瞩目的成绩。在美国人看来，李肇星既是儒雅的外交官又是勇猛的壮士；国内有网民评价李肇星说："老李是最有才、最淳朴、最率真、最可爱的外交家！"

李肇星动情地说:"在座的各位都是我的老领导、老战友,外交官之春是祖国之春的一部分,是世界和平的一部分,祝外交官之春永远常青,为祖国和世界做出更大贡献。感谢大家对我在这个职位上的时候给予热情的关怀和慷慨的帮助。能与大家一块为世界的和平与发展事业而劳动是我的幸福。和平最重要!友谊最重要!"

李肇星坦言,退休后要"活好每一天,学习好每一天",其最大的快乐来源就是学习。他认为到学校任教也是一个选择,后来被北京大学、北京外国语大学、中国传媒大学、南开大学、商丘学院、南开大学聘为客座教授。一般每年要去学校讲一次课。他主张"教学相长",认为与年轻人在一起是最快乐的。

 智慧感悟

落红不是无情物,化作春泥更护花。一个人的生命特别是工作时间是有限的,而为祖国服务是无限的,把自己在职期间总结的宝贵经验全部奉献给永无止境的祖国建设事业,让余热发光,让夕阳生辉,就是一个纯洁高尚的人,一个大公无私的人。

参考文献

[1] 李肇星著,《肇星诗百首》,世界知识出版社,2005年5月版。

[2] 李肇星著,《李肇星诗集》,文汇出版社,2007年1月版。

[3] 李肇星著,《青春中国》,百花文艺出版社,2009年12月版。

[4] 李肇星著,《从未名到未名——李肇星感言录》,青岛出版社,2008年8月版。

[5] 时新著,《李肇星在线谈外交》,世界知识出版社,2004年1月版。

[6] 李肇星、秦小梅著,《写给中国孩子的非洲书》,青岛出版社,2010年4月版。

[7] 李肇星著,《生命无序——李肇星的家国情怀》,科学出版社,2011年2月版。

[8] 邹建华著,《外交部发言人揭密》,世界知识出版社,2005年5月版。

[9] 赵启正著,《公共外交与跨文化交流》,中国人民大学出版有限公司,2011年3月版。

[10] 刘新生主编,《新中国建交谈判实录》,上海辞书出版社,2011年3月版。

[11] 赵可金著,《外交学原理》,上海教育出版社,2011年3月版。

[12] 曲星主编,《国际形势和中国外交蓝皮书(2010/2011)》,时事出版社,2011年5月版。

[13] 张维为著,《中国震撼》,上海人民出版社,2011年1月版。

[14] 郭一娜,《李肇星北大幽默开讲 被常识性问题"难倒"》,

《国际先驱导报》，2007年9月10日。

[15]张国，《李肇星南开招生记》，人民日报海外版，2007年11月23日。

[16]吴志菲，《李肇星：从农民之子到外交部长》，《党史文苑》，2005年第19期。

[17]杨振雩、饶丽华、程卫国，《挥斥方遒 纵论天下——前外长李肇星做客九江精彩演讲》，《长江周刊》，2010年3月19日。

[18]郭艾霞，《李肇星石家庄演讲受热捧 透露担任外长"糗事"》，《河北青年报》，2009年4月27日。

[19]《中国外长首次网谈 李肇星妙语答问录》，新华网http://news.sina.com.cn/w/2003-12-24/08031416677s.shtml，2003年12月24日。

[20]《网友评李肇星：睿智幽默大国风范》，新华网http://news.xinhuanet.com/forum/2004-03/06/content_1349167.htm，2004年3月6日。

[21]《李肇星：中国为世界和平发展作出了应有贡献》，央视国际网http://www.cctv.com/news/china/20040306/100832.shtml，2004年3月6日。

[22]《李肇星谈诗：借"青春中国"抒爱国情》，新华网http://news.xinhuanet.com/newscenter/2004-03/06/ content_1348951.htm，2004年3月6日。

[23]《李肇星：中国外交为维护世界和平、促进共同发展作出了应有贡献》，新华网http://www.sxgov.cn/bwzt/qglh/lhjxs/14265.shtml，2004年3月6日。

[24]《中国外交部长李肇星会见中外记者》，人民网http://review.jcrb.com/zyw/n172/ca212611.htm，2004年3月6日。

[25]《性情外长李肇星：出色诗人意外走上外交路》，人民网http://www.people.com.cn/GB/news/37146/45768/3357274.html，2005年4

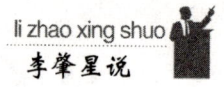

月28日。

[26]《十五收官之年 中国最忙的十位部长精彩语录》,人民网http://opinion.people.com.cn/GB/40570/3958829.html,2005年12月20日。

[27]《李肇星谈保护海外中国人权益》,中央电视台网http://www.hq.xinhuanet.com/video/2005-03/07/content_3831609.htm,2005年3月7日。

[28]《李肇星:中国外交既为中国人民服务,也为世界人民服务》,中国江西网http://www.jxcn.cn/514/2005-3-6/30039@145704.htm,2005年3月6日。

[29]《诗人外长与记者面对面 难得一露"铁汉"柔情》,中新网http://www.southcn.com/news/china/china05/2006lh/2006lhxinwenfabu/200603070723.htm,2006年3月7日。

[30]《李肇星真情流泻妙语答记者问》,新华网http://news.xinhua.com/misc/2007-03/07/content_5812779.htm,2007年3月7日。

[31]《外交部部长李肇星:新时期外交工作的宝贵精神财富》,人民网http://theory.people.com.cn/GB/41038/4877095.html,2006年9月30日。

[32]《前任外交部长李肇星:情牵故乡游子心》,人民网http://hn.rednet.cn/c/2007/05/11/1199794.htm,2007年5月11日。

[33]《李肇星外长风采妙语录》,中国广播网http://www.cnr.cn/minzu/mzxw/200703/t20070307_504414823.html,2007年3月7日。

[34]《从胶南田野走向外交舞台 新外长李肇星往事》,中国新闻网http://news.hsw.cn/gb/news/2007-04/27/content_6253106.htm,2007年4月27日。

[35]《李肇星:中国为别国提供援助不附加政治条件》,新华网

http://biz.cn.yahoo.com/070306/32/1316.html,2007年3月6日。

[36]《李肇星：穿越"浮名"》，新华网 http://news.xinhuanet.com/politics/2009-05/11/content_11353656.htm,2009年5月11日。

[37]《李肇星与青年学子话"爱国" 忆当年追回退税落泪》，新华网 http://news.xinhuanet.com/edu/2009-04/30/content_11284822.htm,2009年5月11日。

[38]《李肇星："星爷"的幸福生活 伉俪情深为人称道》，中国广播网 http://www.cnr.cn/allnews/200912/t20091210_505738784.html,2009年12月10日。

[39]《李肇星：达赖不是宗教人物是政治和尚》，新华网 http://news.163.com/10/0304/11/60U7PN3U0001124J.html,2010年3月4日。

[40]《美国高规格接我外长李肇星》，人民网 http://tw.people.com.cn/GB/14810/14858/2112465.html,2003年9月27日。

[41]《李肇星答记者问精彩语录》，新华网 http://www.tianjinwe.com/rollnews/201003/t20100304_596862.html,2010年3月4日。

[42]《李肇星为啥"惭愧"？》，人民网 http://book.people.com.cn/GB/69839/158032/186403/11516649.html,2010年5月4日。

[43]《李肇星妙语连珠 媒体"刨根问底"难不住》，中国广播网 http://news.cnr.cn/china/mewszh/gaowen/201003/t20100305_506102186.html,2010年3月5日。

[44]《李肇星香港演讲 暗斥美国无权干涉中国海疆》，星岛环球网 http://news.stnn.cc/editor/201011/t20101116_1455257.html,2010年11月16日。

[45]《思想草原文化之旅：李肇星内蒙古农大演讲》，北京新闻网 http://www.tongliao.gov.cn/read_news.asp?id=35502,2010年6月11日。

后 记

外交工作是国家行为,吸引着世界目光。从某种程度上讲,外交活动就是一种智慧和意志的博弈,其中蕴含着政治远见、交往谋略、沟通技巧、语言艺术等,无论对国家还是个人,都有积极的借鉴和启迪作用。

2000年秋,我到人民日报社办公厅工作后,新闻职业的敏感促使我关注李肇星。长期以来,我不间断地剪贴他的相关报道、拜读他的诗句文章、搜集他的各种资料,观察对外交流,感悟人生智慧。前年初,在人民日报出版社社长助理鞠天相的组织策划下,我不自量力地提笔起草了品读李肇星经典语录的文字,以飨读者。

李肇星与本书作者胡线勤合影

后记

　　李肇星在中国外交战线叱咤风云数十年，流传着"中国勇猛斗士"、"铁嘴外长"、"性情诗人"等脍炙人口的故事，以其博学多才、机智幽默、勇敢镇定、真诚坦率等特点，树立了一个负责任大国外交家的形象，给世界人民留下美好回忆。我怀着崇敬之情和求知欲望，采访了百忙之中的李肇星及其夫人秦小梅，秦老师提供了许多珍贵的图文资料，为本书增色不少，谨此致谢。

　　本书将李肇星在各种场合发表的经典言论分为八篇一百余则，每则以"李肇星说"、"背景欣赏"、"智慧感悟"体例，介绍李肇星真情慧语的背景出处、智慧哲理、艺术精髓，既具有知识性和趣味性，又阐述时代语境和现实意义，展现内在品质与人格魅力，使读者深刻感受李肇星高屋建瓴的外交智慧和刚柔并济的外交艺术，鉴赏外交风云中一幕幕精彩纷呈的壮丽片段。

　　衷心感谢外交部部长助理兼礼宾司司长张昆生、全国人大外事委员会主任委员秘书王昱在百忙之中审读此书，提出许多中肯的修改意见。中国报协、人民日报有关领导和同志给予大力支持和帮助，人民日报出版社编辑同志做了大量工作。书中采用的部分图片未及联系到摄影记者，在此表示歉意，本人愿意向这些朋友支付稿费。正是仰赖于各位领导和同仁的关怀指导，才使本书得以顺利出版，在此一并表示诚挚的谢意！

　　语无达诂，文难精诠。囿于本人的学识和才力，书中对李肇星真情慧语或诂或诠，只是管窥蠡测，期望提供一种思路和参考，难免有疏漏欠妥之处，诚望各位读者批评指正。

作者于 2012 年 6 月 26 日